ДЭВИД МАЙКЛ

БУДЬ РЕВНОСТЕН

7 ПРИНЦИПОВ НАСТАВНИЧЕСТВА СЛЕДУЮЩИХ ПОКОЛЕНИЙ

Перевод с английского

БЛАГАЯ ВЕСТЬ
Самара, 2022

УДК 253
ББК 86.376-43
Д94

ZEALOUS
7 Commitments for
the Discipleship of
the Next Generations
David Michael
Truth78

Перевод: А. Раугас
Верстка: М. Литвинова
Дизайн обложки: Geloofstoerusting/Уилфред Бьюкенс
Иллюстрация: Ханна де Грут

Дэвид Майкл

Д94   Будь ревностен : 7 принципов наставничества следующих поколений : пер. с англ. / Дэвид Майкл; пер. с англ. А. Раугаса. — Самара : Благая весть, 2022. — 160 с.

ISBN 978-1-967358-33-5

УДК 253
ББК 86.376-43

Верующие родители, учителя воскресных школ и руководители церкви переживают о том, чтобы дети уверовали во Христа. Как правильно вести их к спасительной вере и при этом не унывать? Следующему поколению нужны родители, учителя и руководители церкви, которые бы ревновали по их наставничеству. Но откуда берется такая ревность? И на что похоже ревностное наставничество, идущее изо дня в день? Эта книга описывает рвение и усердие, происходящие от горячего стремления к Богу и Его славе, и представляет семь принципов, на которых строится видение и структура наставничества следующего поколения.

Цитаты из Библии, если не указано иное, даны по Синодальному переводу. Цитаты по изданию «Библия: Новый перевод на русский язык» (4-е изд. Б. м.: Международ. библ. о-во, 2014) помечены «НРП».

ISBN 978-1-967358-33-5

Всем, кто верно трудится

для наставления

следующего поколения

" Внимай, народ мой, закону моему,
　　　　приклоните ухо ваше к словам уст моих.
Открою уста мои в притче
　　　　и произнесу гадания из древности.
Что слышали мы и узнали,
　　　　и отцы наши рассказали нам,
не скроем от детей их,
　　　　возвещая роду грядущему
славу Господа, и силу Его,
　　　　и чудеса Его, которые Он сотворил.

Он постановил устав в Иакове
　　　　и положил закон в Израиле,
который заповедал отцам нашим
　　　　возвещать детям их,
чтобы знал грядущий род,
　　　　дети, которые родятся,
и чтобы они в свое время возвещали своим детям, —
　　　　возлагать надежду свою на Бога
и не забывать дел Божиих,
　　　　и хранить заповеди Его,
и не быть подобными отцам их,
　　　　роду упорному и мятежному,
неустроенному сердцем
　　　　и неверному Богу духом своим.

Псалом 77:1–8

ОГЛАВЛЕНИЕ

Что значит быть ревностным и почему это важно?

В ГЛУБИНЕ ДУШИ мы переживаем. Мы даем им Библию, учим их истине, задаем глубокие вопросы, направляем в молитве, поддерживаем в добром, обличаем в грехе, показываем добрый пример для подражания, помогаем найти хороших друзей, — но в глубине души мы переживаем, помогает ли в все то, что мы делаем.

Они читают Библию и даже учат некоторые тексты наизусть. Они утверждают, что верят истине, дают хорошие ответы на наши вопросы, молятся той самой молитвой, делают добро, признают свой грех, следуют нашему примеру, имеют хороших друзей, — но в глубине души мы переживаем, надолго ли тот плод, который мы видим.

Мы смотрим, как посвященные, хотя и изнуренные родители верно приводят своих детей в церковь после недели, полной семейных дел, школы, быта, общественных событий и бесконечных мероприятий, нацеленных на то, чтобы дать детям все лучшее ради успеха в предстоящей им жизни, — и в глубине души переживаем, достаточно ли Слова Божьего, проникающего в трещины их занятой жизни, чтобы поддерживать их уверенность в Боге и Его Слове.

Мы видим, как молодежь спешит на группу, как они одеваются, чтобы быть в тренде или отличаться, как собираются для поклонения, поют песни прославления и слушают вечные слова жизни, и при этом сидят в соцсетях, предаются зависти о том, что есть у друзей, боятся отвержения теми, кто завладел их сердцами, и пренебрегают единственным, что будет важнее всего в последний миг их скоротечной жизни. В глубине души мы переживаем, будет ли Слово Божье, которое они слышат и поют, проникать в их рассеянные сердца и преображать их в образ Христа.

Мы замечаем слезы и стенания верующих родителей, чье сердце разбито из-за ребенка, променявшего истину, в которой он был воспитан, на ложь мира сего.

Мы слышим, как другие родители плачут о ребенке, который оставил путь, ведущий к жизни, ради более широкого и спокойного пути, ведущего к погибели.

Мы встречаем изумленных родителей, которые никак не могут поверить словам, исходящим из уст своих отпрысков, и тому, какие бездушные и безбожные ценности и убеждения определяют их пустую жизнь. Мы слушаем, как отец рассказывает, что его ребенок благополучно вступил в брак, воспитывает очаровательных детишек, активно участвует в церковной жизни, преуспевает на работе и делает все доброе и правильное, чему его учили, — и все же отец переживает, значит ли это, что у него есть спасающая вера. В глубине души мы переживаем о детях, которые растут в наших семьях, активно участвуют в жизни нашей церкви и посещают наши занятия, будут ли они, когда вырастут, среди тех, кто принимает Христа как величайшее сокровище и самоотверженно следует за Ним. Или же они присоединятся к ищущим сокровище там, где его нет, к отвергающим единственную надежду на непреходящую радость?

Мы переживаем, будут ли наши дети преуспевать на пути бесконечной мудрости или же поступать по совету нечестивых. Станут ли они частью собрания праведных или же будут сидеть с развратителями? Будут ли они как могучее дерево, пустившее корни глубоко в живительные потоки Божьего Слова, или же, питаясь из пустых водоемов мира сего, они будут как прах, возметаемый ветром грядущего суда? Устоят ли они в свободе Христа, или же падут под бременем и осуждением своего непрощенного греха? Будут ли они наслаждаться присутствием Господа или же обитать в вечном мраке? Будут ли они вовеки петь хвалу своему Спасителю и Царю или же вовеки плакать и скрежетать зубами вместе с древним врагом душ человеческих?

Не один десяток лет я соприкасаюсь с сотнями верующих родителей, с волонтерами детского служения, лидерами молодежи, учителями, пасторами, бабушками и дедушками, с сотрудниками по служению. Практически каждый из них заботится о душах детей, которые воспитываются у них в семье и в церкви. Они хотят, чтобы их дети уповали на Христа, следовали за Ним как за Господом и повиновались Его учению. Для своих детей они желают ничуть не меньше, чем вечной радости и исполнения всех Божьих обетований в их жизни.

Однако я чувствовал, не все они ощущали соответствующий груз ответственности за души вверенных им детей. Не все они уделяли достаточно внимания духовному развитию своих детей. Не все они старались счислять дни, в которые могут оказывать влияние на скоротечную жизнь своих детей. Не все они сознавали, насколько срочно надо решать проблемы ожесточающегося сердца.

Слишком многие не имели никакого плана для наставления своих детей в истине. Слишком многие думали, что достаточно ходить в воскресную школу. Слишком многие считали, что достаточно жить в христианской семье. Слишком многие полагали, что друзья из церкви оказывают достаточное влияние. Слишком многие были заняты другими важными делами в семье и в церкви. Слишком многие были парализованы страхом и обилием трудностей при воспитании детей, не имея постоянной поддержки, мудрости, наставления или ободрения. Слишком многие казались равнодушными к полному отсутствию у детей аппетита к Слову Божьему. Слишком многие игнорировали их духовно опасное поведение и отношение, считая, что они это «перерастут». Слишком многие полагали, что все наладится и в конце концов с их детьми будет все в порядке. Слишком многие помогали детям устроиться в этом мире, не обращая внимания на то, что угрожало их душам.

Слишком многие не были ревностны в наставничестве следующего поколения. А от ревности зависит многое.

ПРИЧИНА ДЛЯ БЕСПОКОЙСТВА

Более 20 лет я слышу статистику и вижу неутешительную тенденцию, что от 50 до 90 процентов детей, выросших в церкви, перестают посещать церковь, покинув отчий дом[1]. В 2003 году Джордж Барна не только привел данные, говорящие о снижении духовного влияния церкви на следующее поколение, но и предложил определенные принципы и стратегии решения этой проблемы.

Некоторые из его рекомендаций казались многообещающими. Он говорил, что миллионы родителей желают, чтобы на их детей оказывали благотворное влияние в ближайшей

---

[1] Обзор исследований о молодежи, оставляющей христианство, в том числе различные оценки, см.: https://coldcasechristianity.com/writings/are-young-people-really-leaving-christianity.

церкви со «всесторонне качественным служением»[2]. Потенциальная возможность привлечь миллионы членов была достаточным мотивом, чтобы многие церкви увеличили вложения в служение для детей и молодежи. Можно было ожидать, что с увеличением бюджета и числа сотрудников больший процент детей, повзрослев, будет оставаться в церкви. Качественные церковные программы действительно привлекают семьи с детьми. И многие из этих церквей рассчитывали, что у них будет больше возможностей благовествовать неверующим семьям. Но, к сожалению, спад продолжается, поскольку слишком часто основное внимание уделяется качественным программам, а не наставничеству.

Никаким количеством новых программ невозможно побороть преобладающее в церкви и среди родителей равнодушное и «инертное»[3] отношение к духовному развитию детей:

> *Американские родители — даже возрожденные и регулярно посещающие церковь, где их считают «столпами», — обычно поступают так же, как их родители поступали с ними: отвозят ребятишек в церковь и предоставляют религиозным профессионалам заниматься духовным развитием молодежи... Взрослые склонны возвращаться к примеру, который видели сами, и полагают, что вполне достаточно возить детей в церковь и иногда на другие религиозные мероприятия. «В конце концов, — объяснила одна из матерей, озвучив мнение, оказавшееся очень популярным ответом в ходе нашего исследования, — именно так поступали со мной мои родители, и получили приличный результат»[4].*

---

[2] George Barna, *Transforming Children into Spiritual Champions: Why Children Should Be Your Church's #1 Priority* (Ventura, Calif: Regal Books, 2003), 40–41.
[3] Ibid., 42.
[4] Ibid., 78.

Свидетельствующие о проблеме факты и предложенные способы ее решения не привели к улучшениям. Если уж на то пошло, за время после публикации исследования Барны обстановка лишь ухудшилась. В заголовке одного из недавних отчетов Исследовательского центра Пью прямо сказано: «В США упадок христианства продолжается быстрыми темпами»[5]. Комментируя это исследование, Альберт Молер сказал: «Что касается поколения, известного как миллениалы, лишь 49 процентов вообще назвали себя христианами. Это поразительно мало по сравнению с другими и недавними поколениями американцев»[6].

Получается, проблема не в нехватке финансов, а в нехватке библейской мотивации. На самом деле и для церкви, и для родителей нужно то, что заповедует Библия — быть ревностными.

РЕВНОСТЬ ИМЕЕТ ЗНАЧЕНИЕ ДЛЯ БОГА

От Бытия до Откровения, во всем, что мы призваны делать в служении своему Царю, включая наставничество следующего поколения, нужно быть ревностными. В 6-й главе Второзакония написано, что Израилю было вверено обучение (наставничество) своих детей. Это поручение дано в контексте ревности по Богу: «…и люби Господа, Бога твоего, всем сердцем твоим, и всею душою твоею и всеми силами твоими» (Втор. 6:5); ревности по Его Слову: «И да будут слова сии, которые Я заповедую тебе сегодня, в сердце твоем…»

---

[5] "In U.S., Decline of Christianity Continues at Rapid Pace," https://www.pewforum.org/2019/10/17/in-u-s-decline-of-christianity-continues-at-rapid-pace.

[6] Альберт Молер отмечает, что среди миллениалов «значительный фактор… это рост числа тех, кто не посещает [церковь] и снижение числа тех, кто посещает» (https://albertmohler.com/2019/10/22/briefing-10-22-19).

(Втор.6:6); и ревности по наставничеству: «…и внушай их детям твоим…» (Втор. 6:7).

В Новом Завете Павел умолял своих братьев и сестер в Риме: «…представьте тела ваши в жертву живую, святую, благоугодную Богу…» (Рим. 12:1). И после этого он три главы посвятил увещаниям, описывающим жертву живую, святую и благоугодную Богу. Среди них есть и Римлянам 12:11, где Павел призывает Римскую церковь: «…в усердии не ослабевайте; духом пламенейте; Господу служите…» Усердие и рвение в служении Господу имеют значение, поскольку именно такое служение свято и благоугодно Богу.

В Писании рвение — это не просто энтузиазм. Это усердие и старание, происходящие из горячей приверженности Богу и Его славе. Оно рождается в сердце, пылающем во славу Божью, и, переполняя его, изливается в ревностном благовестии, наставничестве, служении и добрых делах.

Господь ненавидит отсутствие рвения. Это видно из Его слов к Лаодикийской церкви: «Знаю твои дела; ты ни холоден, ни горяч; о, если бы ты был холоден, или горяч! Но, как ты тепл, а не горяч и не холоден, то извергну тебя из уст Моих» (Откр. 3:15–16).

Во всем Писании видно, что Сам Бог ревностен в передаче Своей истины следующим поколениям. Наше рвение не только соответствует Божьей воле, но и, как мы увидим в последующих главах, оно следует Божьему примеру.

7 ПРИНЦИПОВ НАСТАВНИЧЕСТВА СЛЕДУЮЩИХ ПОКОЛЕНИЙ

На основании того, что Бог открыл в Своем Слове, и того, что приносило плод за 40 лет моего служения, я считаю, что есть как минимум семь принципов, которых необходимо придерживаться, чтобы быть ревностным в наставничестве следующего поколения. Следующие семь глав посвящены изложению основ этих принципов.

Я считаю эти семь принципов крайне необходимыми, но без рвения они не принесут плода. Почти три десятилетия я делюсь видением о наставничестве следующих поколений. Я много лет вхожу в растущее сообщество живущих по всей стране родителей и служителей со сходной точкой зрения, которых я бы описал так: «имеющие видение для следующего поколения». Я до сих пор считаю, что видение необходимо. Это одна из причин, почему я поместил «Принять библейское видение» первым в списке семи принципов. Часто именно с этого я начинаю подготовку родителей и служителей. Несомненно, когда в церкви и в семье нет видения, это плохо. Однако теперь я убежден, что недостаточно иметь видение — даже библейское видение, — если нет рвения. Видение без рвения не повернет вспять спад в Церкви, и видение без рвения редко становится реальностью.

РВЕНИЕ И 7 ПРИНЦИПОВ

И все же, каким бы важным ни было рвение, как бы я ни желал видеть Церковь более ревностной в наставничестве следующего поколения и как бы я ни был обеспокоен повсеместным пренебрежением этой данной Богом ответственностью, мы не можем заставить себя или кого-то другого быть ревностным. Значит ли это, что мы ничего не можем поделать до тех пор, пока нас не охватит ревность последующему поколению? Нет. И хотя в конечном счете рвение — это Божье действие в сердце, я считаю, что мы можем делать то, что Бог использует, чтобы пробудить ревность в нас и в других.

В Колоссянам 1:28 Павел помогает нам понять свою ответственность и свою цель в наставничестве: «…[Христа] мы проповедуем, вразумляя всякого человека [включая наших детей] и научая всякой премудрости, чтобы представить всякого человека [включая наших детей] совершенным во Христе Иисусе…»

В 29-м стихе мы видим, в каком духе мы выполняем это поручение и достигаем этой цели: «…для чего я и тружусь и подвизаюсь силою Его, действующею во мне могущественно». Чтобы представить всякого человека совершенным во Христе, Павел трудился силой, исходящей от Бога. Коринфской церкви Павел сказал: «…я более всех их потрудился: не я, впрочем, а благодать Божия, которая со мною» (1 Кор. 15:10). Ревность Павла в служении ради веры других была плодом ревности Господа, действующего в нем.

Это чем-то напоминает то, что происходит с нашей верой. Вера — не результат дел; это Божий дар (Еф. 2:8–9), и все же к нам обращен призыв: «Подвизайся добрым подвигом веры…» (1 Тим. 6:12). Вера без дел мертва, и мы должны стремиться иметь «…святость, без которой никто не увидит Господа» (Евр. 12:14).

Филиппийцам 2:12–13 дает ключ к пониманию связи между тем, что может сделать только Бог, и тем, что должны делать мы: «…со страхом и трепетом совершайте свое спасение, потому что Бог производит в вас и хотение и действие по Своему благоволению».

ВОЗРАСТАТЬ В РВЕНИИ

Если вы убеждены, что важно быть ревностным в наставничестве следующего поколения, но еще не чувствуете в себе особой ревности в этом, то «совершайте» свою ревность по наставничеству следующего поколения, потому что Бог производит в вас и хотение и действие по Своему благоволению. И если Он благоволит, чтобы у вас была эта ревность, — а я считаю, что это так, ведь Он Сам ревнует по наставничеству следующего поколения, — то эта ревность появится. Именно поэтому я советую принять эти семь основных принципов и действовать по ним, уповая, что Бог даст не только благодать, чтобы придерживаться и исполнять их, но и рвение, без которого ваши усилия будут недолгими.

Позвольте привести иллюстрацию. Любой руководитель служения для детей и молодежи знает, что набирать добровольцев для служения — важная и трудная часть этого поручения. По Божьей благодати за много лет я привлек к служению сотни добровольцев, причем многие из них, начиная служение, не были особенно ревностными в наставничестве следующих поколений (ведь люди берутся за такое служение по самым разным причинам). Когда же эти братья и сестры начинали трудиться в наставничестве, я снова и снова видел, как Бог зажигает эту ревность в их сердцах. Еще интереснее видеть, что Бог делает благодаря этому рвению: свежие идеи, новые стратегии, расширение служения, энергия, пыл, желание молиться, погружение в Слово — все это в усердном стремлении к истинному наставничеству. Многие добиваются большего, чем я вообще мог себе представить, намного превосходя меня в рвении и в приверженности этой цели.

Как и начинающие служение добровольцы, я не всегда был ревностным по такому видению. Оглядываясь в прошлое, я могу назвать два события, которые Бог использовал, чтобы зажечь во мне рвение. Во-первых, в 1974 году я влюбился в студентку с кафедры христианского образования, у которой было и до сих пор остается больше ревности по наставничеству следующего поколения, чем у кого-либо еще, кого я знал. Бог наделил Салли неугасимым и весьма заразительным рвением, которое Он использовал, чтобы зажечь во мне рвение и поддерживать его вот уже более сорока лет.

Во-вторых, в 1980 году я был 26-летним последователем Христа, причем и верующие родители, и другие верные Божьи служители много потрудились над моей верой от воскресной школы до семинарии. Все эти годы я возрастал в познании Бога, в любви к Иисусу, в желании проповедовать Евангелие и в стремлении отдать свою жизнь на служение Христу. Но в середине того года Бог привел меня в церковь нового молодого пастора, Джона Пайпера. Так началось то, что вылилось в 33 года последовательного воздействия его верной разъяснительной проповеди и библейского учения.

Бог использовал проповеди Джона Пайпера, чтобы открыть мне глаза на те аспекты Бога, которых я никогда не замечал. Корни моей веры проникли глубже в те истины, которых я раньше не понимал. Я формировался под влиянием растущего познания Божьего Слова и Божьей славы по Божьей благодати через человека, который по-прежнему имеет ревность по истине и по Божьей славе и стремится передавать эту ревность другим ради их радости. Его рвение было заразительным. И еще одно десятилетие мы с Салли ощущали постоянную, растущую, непреодолимую ревность передавать познание этого славного Бога и живительной истины Его Слова следующему поколению.

РЕВНОСТЬ ПО РАССУЖДЕНИЮ

Если мы не сформированы истинным познанием Бога, мы можем быть ревностными, но не в том, что спасет следующее поколение. В Римлянам 10:1–2 Павел пишет: «Желание моего сердца и молитва к Богу об Израиле во спасение. Ибо свидетельствую им, что имеют ревность по Боге, но не по рассуждению».

Проповедуя по этому тексту, Джон Пайпер сказал:

Значит, бывает ревность, которая не спасает. А бывает ревность, необходимая для спасения. Одна не по рассуждению, а другая — по рассуждению... Если возлюбленные сородичи [Павла], которым [он] так сильно желает спасения, не спасены, поскольку их ревность не соответствует знанию, то знание имеет огромное значение... [7]

Затем Пайпер применяет это к следующему поколению:

Это очень и очень важно. Если вы занимаетесь воспитанием детей, то вы вырастите своих детей так, что у них либо будет такое знание, либо нет. Если вы пастор, для вас это важно. Если вы учитель воскресной школы, для вас это важно. Если вы лидер малой группы, для вас это важно. Если вы преподаватель семинарии, для вас это важно. Бывает ревность, которая не соответствует знанию. О, они получают самые разные знания, и это ведет их прямо в ад [8].

РЕВНОСТЬ ПО ДЕТЯМ ДЕТЕЙ НАШИХ ДЕТЕЙ

Наш труд оказывает долгосрочное влияние на будущие поколения, о котором мы никогда не узнаем. Когда Псалом 77:5 заповедует возвещать «устав» «грядущему роду», то названы как минимум три следующих поколения, два из которых еще

---

[7] John Piper, "Zeal for God: Deadly or Indispensable?" a sermon delivered at Kenwood Baptist Church, Cincinnati, Ohio. October 10, 2013. https://www.desiringgod.org/messages/zeal-for-god-deadly-or-indispensable.

[8] Ibid.

не существовали. В этом псалме мы читаем, что отцам было заповедано учить своих детей, «чтобы знал грядущий род, дети, которые родятся [еще не родившиеся внуки этих отцов], и чтобы они в свое время возвещали своим детям [еще не родившимся правнукам этих отцов], — возлагать надежду свою на Бога и не забывать дел Божиих…» (Пс. 77:6–7).

Одно поколение, возвещающее следующему поколению истину о Боге, — это установленный Богом образец. Бог сообщает о Себе и другими способами, но именно это Он установил как одно из основных средств возвещать Свою славу всем поколениям. Знать, что ваше влияние будет простираться намного дальше детей, родившихся при вашей жизни, — мощное побуждение быть ревностным.

РЕВНОСТЬ ПО СИЛЬНОЙ ВЕРЕ ВО ВРАЖДЕБНОМ МИРЕ

Ревность по наставничеству следующего поколения также укрепляется благодаря желанию подготовить детей жить в мире, все более враждебном к истине Божьего Слова. Это не должно быть для вас неожиданностью. Иисус предупреждал Своих учеников в Луки 21:17: «…и будете ненавидимы всеми за имя Мое…», а в 16-м стихе Он обещал: «…и некоторых из вас умертвят…» В Иоанна 15:19 Иисус называет причину: «Если бы вы были от мира, то мир любил бы свое; а как вы не от мира, но Я избрал вас от мира, потому ненавидит вас мир».

Практически до самого последнего вздоха Иисус продолжал чутко и целенаправленно готовить Своих учеников жить в мире, который их ненавидит. Если мы Его ученики, то эти слова обращены и к нам. Острое, искреннее желание так же чутко и целенаправленно готовить детей, которые уже столкнулись или скоро столкнутся с этими трудностями, подстегивает наше рвение.

РЕВНОСТЬ ПО ОБЯЗАННОСТИ И В УДОВОЛЬСТВИЕ

Как у последователей Христа у нас есть обязанность передавать своим детям вверенную нам истину. Но сама по себе обязанность может стать обузой, и она редко помогает нам не сдаваться, когда мы унываем, устаем или разочаровываемся в своих трудах. Наставничество следующего поколения — это не только обязанность. Вкладывая свое время, способности и силы в веру своих детей и внуков, мы вкладываем это в их радость, и не только в их радость, но и в свою. Как Христос претерпел крест, взирая на предстоящую радость (Евр. 12:2, НРП), так и мы, взирая на предстоящую нам и нашим детям радость, сможем претерпеть взлеты и падения в своих наставнических стараниях.

Апостол Иоанн написал: «Для меня нет большей радости, как слышать, что дети мои ходят в истине» (3 Иоан. 4). Какие новости о ваших детях или внуках были бы для вас величайшей радостью? Что у них своя футбольная команда? Что они закончили школу с отличием? Что они поступили в Йельский университет? Наш мир заставляет нас ставить на первое место что угодно, только не то, что даст истинное удовлетворение. Нет большей радости в этой жизни, или в будущей, чем примириться с Богом через Христа:

> Ты укажешь мне путь жизни: полнота радостей пред лицом Твоим, блаженство в деснице Твоей вовек (Пс. 15:11).

Когда мы будем испытывать эту радость в Боге, ее обилие выльется в наставничество детей в наших семьях и церквях. Следующему поколению лучше всего послужат родители и учителя с вдохновленным радостью, заразительным видением для их жизни.

МЫ ПЕРЕЖИВАЕМ

Нетничегоплохоговтом,чтобыпереживатьоследующемпоколении—трезвомыслитьотом,чтоожидаетдетейизнаших семей, наших церквей и наших общин.

Но нам не нужно переживать со страхом.

Нам не нужно переживать, что наши усилия окажутся напрасны. Мы можем возложить свою надежду на Бога, полагаясь на благость Его суверенной воли. Если мы будем ревностны и полны решимости выполнять Божье поручение, если будем уповать на Бога славы, то будем удивляться, сколько наставнического труда Бог благоволит совершить в наших сердцах, наших семьях, наших церквях, наших общинах и за их пределами.

Если мы будем усердно молиться о ревности по наставничеству следующего поколения, то можем переживать с надеждой.

Семь принципов наставничества

ПРИНЦИП 1

Принять библейское видение для веры следующего поколения

ПОЗВОЛЬТЕ ПРЕДСТАВИТЬ вам двух гипотетических пасторов, которых зовут пастор Методичный и пастор Прозорливый [9]. Каждый из них служит в здравой, евангельской, благовествующей церкви. У каждого из них церковь растет и процветает. У меня с ними много общих богословских взглядов, с каждым из них мне будет приятно провести время. Каждый из них сознает свою ответственность за погибающих жителей своего района и имеет сильное желание, чтобы церковь росла благодаря проповеди Евангелия. Хотя они могут выглядеть одинаково, более пристальный взгляд показывает, что это не так.

Пастор Методичный считает служение для детей и молодежи одним из главных приоритетов своей церкви, что отражается в количестве сотрудников и денег, которые церковь выделяет на это служение. Он давно понял, что это

---

[9] Я называю их «пасторами», хотя им необязательно быть именно пасторами, чтобы представлять собой два типа служителей, которых я имею в виду.

служение важно для людей, особенно для родителей, когда они решают, в какую церковь ходить. «Если детям нравится в церкви и хочется приходить снова, — говорит он, — то их родители и сами будут более склонны ходить в церковь». Он никогда не забывал совета о росте церкви, который 30 лет назад получил от служителя в своей первой церкви: «Пастор, если занять детишек чем-нибудь увлекательным, родители за вами потянутся».

Пастор Прозорливый тоже считает служение для детей и молодежи одним из главных приоритетов своей церкви, что отражается в количестве сотрудников и денег, которые церковь выделяет на это служение. Руководство его церкви понимает, что дети и молодежь — это часть ответственности, возложенной на них Писанием: «...пасите Божие стадо, какое у вас...» (1 Пет. 5:2). Он никогда не забывал совета, который 30 лет назад получил от служителя в своей первой церкви: «Заботиться о вере детей и молодежи в этой церкви так же важно, как заботиться о вере их родителей». И с тех пор пастор Прозорливый учит своих членов церкви, что библейская обязанность служить друг другу, назидать друг друга, носить бремена друг друга, заботиться, утешать, ободрять, увещевать, обличать, обучать, наставлять и поощрять друг друга к любви и добрым делам касается детей и молодежи в той же мере, что и взрослых.

Пастор Методичный серьезно относится к служению для следующего поколения. Он знает, что на внимание молодежи есть много претендентов. Он опасается, что это поколение будет потеряно, если Церковь не будет идти в ногу со временем. Он побуждает лидеров детского и молодежного служения применять передовые технологии и новейшую философию образования во всех своих программах. Он часто говорит им: «Дети слишком важны, чтобы надоедать им, используя старомодные устаревшие методики. Когда детям и молодежи интересно в церкви, у них формируется положительное отношение к церкви, которое останется с ними на всю жизнь. Такой положительный опыт будет дополнительным мотивом, чтобы они ходили в церковь, когда повзрослеют. Кроме того, поскольку привычки формируются в раннем возрасте, кто регулярно посещает церковь в детстве и юности, те, скорее всего, продолжат это делать и в зрелом возрасте».

Пастор Прозорливый серьезно относится к служению для следующего поколения. Он знает, что на внимание и чувства молодежи есть много претендентов. Он хочет сделать все возможное ради того, чтобы подрастающее поколение в его церкви продолжало дорожить Христом как своей вечной надеждой спустя 20, 40, 80 лет, с глазами, устремленными на Бога во всех нуждах, с сердцами, исполненными хвалы Господу, и устами, возвещающими Его бесконечную ценность. Он молится, чтобы они настолько утвердились в вере, чтобы смогли все перенести, сохранить верность до конца, устоять в день суда и войти в вечную радость пред лицом Господа. Он знает, что заложенные в раннем возрасте предпочтения и убеждения остаются на всю жизнь, и поэтому вдохновляет молодежь в своей церкви наслаждаться Богом и вырабатывать радикальное богоцентричное отношение ко всему в жизни. Он желает, чтобы в них зажглась заразительная, долгосрочная приверженность главенству Бога во всем ради радости всех людей через Иисуса Христа.

Вместо того, чтобы надоедать детям повторением простых истин и поверхностным изложением Библии, он хочет, чтобы дети, растущие в его церкви, вкусили радость погружения в глубины Библии и познания удивительных истин из Слова Божьего. Он поощряет родителей и руководителей детского служения быть очень внимательными к тому, что узнают дети, и применять подходящие методы, чтобы заложить прочное библейское и доктринальное основание для детей и молодежи, которое потом будет поддерживать их всю жизнь.

У церкви пастора Методичного замечательный веб-сайт, где сказано, что в церкви есть «хорошо оборудованные ясли, воскресная школа для всех возрастов и большое разнообразие мероприятий для детей и молодежи, в том числе несколько детских хоров, начиная с дошкольников».

У церкви пастора Прозорливого замечательный веб-сайт, где сказано, что в церкви есть «хорошо оборудованные ясли, воскресная школа для всех возрастов и большое разнообразие мероприятий для детей и молодежи, в том числе несколько детских хоров, начиная с дошкольников», — и все это на основании видения из пяти пунктов, что они вырастут сильными в вере мужчинами и женщинами, которые:

- имеют высокое представление о Боге, Который правит Вселенной и держит ее словом силы Своей;
- любят Слово и учатся жить по нему, укрепляя веру, способную устоять даже в тяжелые времена;
- радикально привержены тому, чтобы способствовать проповеди Евангелия по всему миру во славу Бога и на радость всем народам;
- желают и умеют успешно бороться с грехом, оставляя идолов мира сего и ожидая наследства, намного превосходящего те временные удовольствия, что сулят эти идолы;
- станут родителями, которые любят друг друга, способны вести своих детей к Богу и получают ободрение и поддержку, стараясь воспитать веру в своих детях.

Я надеюсь и искренне молюсь о том, чтобы в Церкви росло число служителей, которые мыслят, как пастор Прозорливый, ведь одни мероприятия и игры не подготовят детей ни к страданиям, ни к успехам в предстоящей жизни. Церкви нужны руководители, убежденные в том, что обучение детей в христианских семьях и церквях должно определяться и направляться библейским видением для следующего поколения.

ДЕЛАТЬ ИЛИ ВЕСТИ

Многие молодые люди, воспитываясь в христианских семьях, участвуют в «ориентированных на мероприятия» церковных программах. Такие программы сосредоточены на том, чтобы у детей и молодежи было чем заняться, причем без четкой связи с какой-либо целью или задачей (видением). Служение, ориентированное на мероприятия, уделяет больше внимания настоящему и меньше — если вообще уделяет — будущему. Они больше сосредоточены на том, что с детьми делать, и меньше на том, куда их вести.

Хотя у пастора Прозорливого такие же «хорошо оборудованные ясли, воскресная школа для всех возрастов и большое разнообразие мероприятий для детей и молодежи», как и у пастора Методичного, пастор Прозорливый для каждого мероприятия указывает конкретную цель и задачу помимо того, чтобы просто позаботиться о детях и произвести на них (и их родителей) хорошее впечатление. У программы или мероприятия, ориентированных на видение, есть четкая связь с конкретными целями наставничества, которые подкрепляются молитвой и желанием, чтобы дети от всего сердца приняли Христа. Родители, христианские преподаватели и руководители церквей, ориентированные на видение, мыслят и действуют в соответствии с тем, что они хотят видеть в своих детях спустя 10, 20 и 40 лет. Их приоритеты выстроены с помощью вопросов, подобных этим:

- Что именно о Боге и о Его Слове должны знать и понимать наши дети?
- Что именно о Евангелии они должны понимать?
- Какие признаки веры и духовной зрелости мы хотим в них видеть?
- Какие библейские тексты они должны знать наизусть к моменту окончания школы?
- Каким мужем и отцом, женой и матерью мы хотим их видеть?
- Чему они должны будут учить своих детей?
- Как бы мы хотели, чтобы они реагировали, когда произойдет трагедия или когда они столкнутся со страданиями в своей жизни?
- Что укрепит их в борьбе с искушениями богатства, удовольствия и успеха?
- На что они должны будут уповать, делая свой последний вздох?

СТРЕЛЫ И СТРОЕНИЯ

Псалом 126:3–5 и 1 Коринфянам 3:9–17 приводят два ярких образа, подкрепляющих наставничество, ориентированное на видение. В Псалме 126:4 псалмопевец так описывает детей: «Что стрелы в руке сильного, то сыновья молодые». Хотя и не самое главное в этом образе, но у стрел «сильного» явно есть конкретная цель. Как стрелы предназначены направляться к своей цели, так и наше воспитание детей должно иметь определенную цель. Руководство церкви, ориентированное на видение, сначала должно суметь определить цель, а затем суметь вдохновить родителей, сотрудников детского и молодежного служения, добровольных помощников, служителей церкви и всю общину направить свои усилия на достижение этой цели. Не имея цели, те, кто вкладывает силы в следующее поколение, направляют свои «стрелы» в разных направлениях, порой даже в противоположных. Иногда «стрелы» направлены без всякой цели, причем направление может поменяться из-за новой идеи или прихоти. Соответственно, в наставничестве не заметно почти или совсем никакого прогресса.

В 1 Коринфянам 3:9–17 апостол Павел говорит, что Божий народ (в том числе и следующие поколения) — это «Божие строение» (ст. 9), основанием для которого служит Иисус Христос. Павел и Аполлос воспринимают себя как строителей, строящих на этом основании.

Прежде чем начать строительство, лучше всего иметь подробное представление о том, каким будет это здание. Это видение должно быть общим для всех, кто трудится над зданием, чтобы это видение и конечную цель здания удалось реализовать. Самые умелые строители, самые опытные подрядчики, самые искусные мастера, имеющие лучшие инструменты и новейшее оборудование, не смогут успешно построить здание без детального видения и без твердого намерения всех участников трудиться для достижения одной цели. Подобным образом, самые эффективные и плодотворные мероприятия по наставничеству в наших семьях и церквях будут определяться библейским видением, общим для всех, кто вносит свой вклад в дело наставничества.

МЕРОПРИЯТИЯ ДОЛЖНЫ СЛУЖИТЬ ВИДЕНИЮ

Псалом 77:1–8 прекрасно иллюстрирует эту связь между мероприятиями и видением. Стих 4 называет, чем надо заниматься, а именно, возвещать «роду грядущему славу Господа, и силу Его, и чудеса Его, которые Он сотворил». Может быть много достойных причин, чтобы рассказывать детям в воскресной школе истории о славных делах Господа. Детям нравится слушать истории. И мы можем радоваться тому, что они более часа с удовольствием занимаются чем-то содержательным, что им нравится проведенное в церкви время, и что они хотят прийти снова. Но это не главные причины, чтобы возвещать о славных делах Господа, которые называет 77-й Псалом. Ценность историй о славных делах Господа не в том, что они занимательны, а в том, что они сильны побуждать детей «возлагать надежду свою на Бога» (ст. 7). Руководитель служения, ориентированный на видение, хочет для детей гораздо большего, чем приятное времяпрепровождение и содержательное участие. Он не успокоится, пока не научит вверенных ему детей «возлагать надежду свою на Бога и не забывать дел Божиих, и хранить заповеди Его». Псалом 77:7 объединяет наши обучающие мероприятия вокруг ясно обозначенного видения для наших детей. И он же воспламеняет наше желание к этому видению.

Наши дети растут в мире, полном соблазнов, которые могут увлечь их сердца прочь от Бога и Его славных дел. Мы содрогаемся при мысли о том, что они будут ослеплены пустыми обещаниями и променяют истину о Боге на ложь. Наша ревность по поколению мужчин и женщин, возлагающих свою надежду на Бога, разгорается от сильного желания, чтобы у них была вечная радость, и от серьезной заботы об их душах. Мы жаждем, чтобы наши дети всё почитали тщетой ради превосходства познания Христа. Мы не хотим, чтобы они, поддавшись обману, уповали на бесполезных идолов века сего и променяли свои души на то, что не даст ни удовлетворения, ни спасения. Это видение из Псалма 77:7 формирует в нашем сердце желание истинного блага детям, которое питает нашу ревность по их наставничеству.

ЗАЖИГАЙТЕ РЕВНОСТЬ ПО ЭТОМУ ВИДЕНИЮ

Есливхорошосоставленномзаявлениио видениипонаставничествуследующегопоколениянегоритогоньревности,оно такиостанетсяпростоещеоднимхорошосоставленнымзаявлениемовидении.Ононевдохновитнатакоеервение,которое моглобымотивироватьиподдерживатьусилияродителей инаставников,занимающихсяученичеством.Какжеразжечь огонь ревности по следующему поколению?

1. Опирайтесь на Слово Божье в своем видении для следующего поколения

Мысозданы Творцомпо Егообразу,поэтомунамсвойственноотзыватьсяна Егоцели,Егоприоритеты,Егожеланияи Его Слово.Когданашевидениеосновано на Библиии мы излагаем это видениебиблейским языком,оноотзываетсявсердцах Божьегонародаипобуждаетихотсердцаотвечать:«Аминь!» и «Да! Именно этого я желаю для своих детей!» Разумеется, естьсотнитекстов,которыемогутпомочьопределитьивыразить наше видение, в том числе следующие четыре:

Чтобы наши дети боялись Бога и ходили всеми путями Его

> *Итак, Израиль, чего требует от тебя Господь, Бог твой? Того только, чтобы ты боялся Господа, Бога твоего, ходил всеми путями Его, и любил Его, и служил Господу, Богу твоему, от всего сердца твоего и от всей души твоей... (Втор. 10:12).*

Чтобы у наших детей была глубокая и крепкая любовь к Христу

> *Пребудьте во Мне, и Я в вас. Как ветвь не может приносить плода сама собою, если не будет на лозе: так и вы, если не будете во Мне. Я есмь лоза, а вы ветви; кто пребывает во Мне, и Я в нем, тот приносит много плода; ибо без Меня не можете делать ничего. Кто не пребудет во Мне, извергнется вон, как ветвь, и засохнет; а такие ветви собирают и бросают в огонь, и они сгорают (Иоан. 15:4–6).*

Чтобы у наших детей было высокое представление о Боге, Который действует во всем для достижения Своих целей

> *…Я Бог, и нет иного Бога, и нет подобного Мне. Я возвещаю от начала, что будет в конце, и от древних времен то, что еще не сделалось, говорю: Мой совет состоится, и все, что Мне угодно, Я сделаю. Я воззвал орла от востока, из дальней страны, исполнителя определения Моего. Я сказал, и приведу это в исполнение; предначертал, и сделаю (Ис. 46:9б–11).*

Чтобы наши дети научились правильно обращаться со словом истины

> *Старайся представить себя Богу достойным, делателем неукоризненным, верно преподающим слово истины (2 Тим. 2:15).*

2. Напоминайте, что им предстоит страдать

Воскресным утром весной 2002 года пастор Джон Пайпер вышел проповедовать по тексту Римлянам 8:18–25, его проповедь была озаглавлена «Покорены суете в надежде». Перед проповедью он произнес молитву, в которой были такие слова:

Господи, молю Тебя, утверди скалу надежды под ногами этой общины, чтобы, когда подуют ветры страданий, скорбей, стенаний и тления, мы смогли устоять на ногах. Используй эти шесть величественных утверждений о надежде из этого текста, чтобы наши корни глубоко проникли в гранитную истину Твоих обетований, так чтобы наши листья не завяли во время засухи, которая рано или поздно постигнет каждого в этом зале.

Во введении к этой проповеди Пайпер сказал:

Просто, чтобы вы понимали, что сейчас у меня на уме, как у пастора: я собираюсь подготовить вас к смерти. Я собираюсь подготовить вас к страданиям. Я собираюсь рассказать вам, о чем я думаю, когда прихожу к вам в больничную палату… чтобы мне не пришлось там проповедовать, чтобы я мог просто обнять вас [10].

Эта молитва и сердечное желание моего пастора побудили меня все глубже и глубже пускать корни в «гранитную истину», чтобы я мог встретить любые предстоящие мне трудности. И также это помогло мне выразить мое сердце и мое видение для следующего поколения.

Апостол Петр говорит в 1 Петра 1:6–7, что разнообразные трудности испытывают подлинность нашей веры. Эти испытания предстоят мне и вам, а также детям в наших семьях и церквях. Мы хотим, чтобы они, когда придут неизбежные беды, были глубоко укоренены в гранитной истине Божьих обетований. Мы хотим, чтобы их вера была прочной, как скала, непоколебимой и испытанной, чтобы в те моменты, когда они столкнутся

---

[10] John Piper, "Subjected to Futility in Hope—Part 2, Romans 8:18–25," a sermon delivered at Bethlehem Baptist Church, Minneapolis, Minn. May 5, 2002. https://www.desiringgod.org/messages/subjected-to-futility-in-hope-part-2.

с горем, проблемами в браке, выкидышем, своенравными детьми, инвалидностью, раком, враждебностью, гонениями или другими бедами в своей жизни, мы могли бы не проповедовать, а просто обнять их.

3. Используйте выражения, имеющие особое значение для тех людей, которых вы хотите мотивировать и вдохновить

Подбирать слова с учетом общего опыта людей в вашей церкви может оказаться очень полезным для укрепления рвения. Например, поскольку мы берем выражения, которые пастор Джон часто использует в баптистской церкви «Бетлехем», община точно понимает, что мы имеем ввиду, когда говорим, что желаем, чтобы наши дети стали

> венценосными христианами, упорно идущими за Богом и живущими верой в грядущую благодать; возвещающими Божью славу с непреклонным мастерством, отважным чувством вины и сокрушенной храбростью; стремящимися распространять наслаждение превосходством Бога во всем на радость всем народам через Иисуса Христа... [11]

Многие из этих знакомых фраз оказывали эмоциональное воздействие, раздувая огонь ревность последующему поколению. Я сам был под глубоким влиянием серии проповедей, которые помогли мне понять, что значит «жить верой в грядущую

---

[11] Некоторые формулировки видения, составленные во время служения в церкви «Бетлехем», хорошо себя зарекомендовали и за ее пределами. В приложении 2 приведено изложение видения, составленное в церкви «Бетлехем», которое мы переняли и для моего служения в церкви «Колледж парк» в Индианаполисе, Индиана.

благодать».Послеэтойсерииямогсказатьгрупперодителей, такжеиспытавшихподобноевлияние:«Давайтевырастимпоколение,котороебудетжитьверойвгрядущуюблагодать»,— и в ответ получить сердечное согласие. Это выражение напомнилоимобистине,имеющейдлянихбольшоезначение, изажгловнихревностьпотому,чтобыонаприобрелабольшое значение и для их детей.

4. Не упускайте из виду вечность

Моисей молился в Псалме 89:12: «Научи нас так счислять днинаши…»Мудробудетсчислятьиднинашихдетей.Незабывайте,чтовремяпромелькнет,икаждыйребенокпредстанетпередЦаремцарейиГосподомгосподствующихиуслышитодноиздвухзаявленийотСудиивсейземли.Либонаши дети услышат:

> Хорошо, добрый и верный раб! …Войди в радость господина твоего (Матф. 25:21).

Либо они услышат:

> Лукавый раб и ленивый! …Негодного раба выбросьте во тьму внешнюю: там будет плач и скрежет зубов (Матф. 25:26, 30).

Весомостьэтогофактаопределяетмоиприоритетыдлявоспитаниядетейивнуковидляслужения,атакжеукрепляетмою ревностьпонаставничествумоихдетейивнуковидетейвмоей церкви.

Джон Энджелл Джеймс (1785–1859) 50 лет служил пастором в Великобритании и отличался большим рвением в наставничестве следующего поколения и заботой о душах в свете вечности. Обращаясь к родителям с призывом серьезно относиться к своим обязанностям, Джеймс, будучи отцом, испытывал трепет, когда размышлял о вечных последствиях своих трудов:

> *Мой ребенок бессмертен, и его вечная участь во многом зависит от меня. От меня исходит не только его существование, но в какой-то мере и его участь. Благодаря мне он, возможно, будет вознесен на небеса или повержен в погибель. Я воспитываю его, чтобы он оказался либо вместе с дьяволом и его бесами в огне неугасимом, либо вместе с бесчисленным сонмом ангелов в вечной славе. О, Боже, помоги мне! Ибо кто способен к сему?* [12]

Окончательное видение для наших детей состоит в том, чтобы они оказались «вместе с бесчисленным сонмом ангелов в вечной славе». И поистине, кто способен к сему? Да поможет нам Сам Бог принять библейское видение для веры следующего поколения.

ИТОГ

Иметь видение крайне важно для наставничества детей и молодежи. Руководители, ориентированные на видение, задумываются о том, куда они идут, — уточняют свои цели, — а затем тщательно прорабатывают и осуществляют план для достижения этих целей. Имея долгосрочное видение, руководители могут более эффективно разрабатывать стратегию

---

[12] John Angell James, "Earnestness implies a deep sense of the tremendous responsibility of the parental relation" in *The Church in Earnest*, chapter 5, section III (Boston, Mass.: Gould, Kendall, & Lincoln, 1849), 116–117.

40

наставничества, в которой все программы, мероприятия, учебные планы и ресурсы оцениваются с позиций этого общего видения.

Заглядывая вперед: Где применяется это видение? Кто отвечает за это видение о наставничестве?

ПРИНЦИП 2

Развивать тесное сотрудничество между церковью и семьей

СЕМЬЯ ДЖОНСОН каждое воскресенье бывает в библейской церкви «Благодать». Родители, оба не из христианских семей, очень признательны за то, что их дети получают здравое библейское наставление в воскресной школе и на разных других программах для детей и молодежи. Они чувствуют, что груз ответственности уже не так тяготит их, поскольку о духовных нуждах их детей заботятся братья и сестры, у которых больше библейских познаний и опыта. Отведя своих детей в классы, мистер и миссис Джонсон идут на богослужение, где у них есть благоприятная возможность не отвлекаясь духовно напитаться. Среди жизненной суеты и трудностей воспитания детей в наш светский век Джонсоны все более и более рассчитывают, что о духовных потребностях их детей позаботится церковь.

Семья Уиллис также каждое воскресенье бывает в церкви, постоянно на своих местах в одном и том же ряду. Сразу заметно, что их четверо детей в полной мере участвуют в богослужении: поют общим пением, склоняют головы во время молитвы и прилежно конспектируют во время проповеди. И это не случайно. Родители очень серьезно относятся к наставничеству своих детей. Для них всей семьей участвовать в богослужении церкви — важный приоритет. Но в семье Уиллис считают, что еженедельное церковное служение — лишь крохотное вложение в духовное развитие детей. Дома мистер Уиллис каждый день проводит семейное поклонение, и библейское наставление занимает достойное место в их домашнем обучении. Однако в церкви есть одно место, где вы никогда не встретите их детей, — воскресная школа, как и любая другая программа для детей и молодежи. Эта семья взяла на себя практически полную и исключительную ответственность за наставничество своих детей.

Перед нами две пары родителей, которые глубоко любят своих детей и очень хотят, чтобы их дети знали и любили Иисуса и доверяли Ему. И все же каждая из этих пар не до конца видит и понимает свою ответственность и то средство благодати, которое Бог задумал для ученичества их детей. Церковь в этом не главное, но и одних родителей недостаточно.

КТО ОТВЕЧАЕТ ЗА НАСТАВНИЧЕСТВО СЛЕДУЮЩЕГО ПОКОЛЕНИЯ?

На примере этих двух семей можно видеть ситуацию, которая в той или иной мере есть во многих церквях. Это часто создает напряжение вокруг вопроса о том, кто несет ответственность за наставничество следующего поколения. С каждой стороны есть крайности. Некоторые говорят, что только церковь отвечает за духовное образование и развитие детей. Другие считают, что вся ответственность ложится на родителей, и для церкви будет неправильно вмешиваться в то, чем должны заниматься только родители. По их мнению, на библейском основании церковь может участвовать лишь через увещание, наставление и подготовку родителей, чтобы они исполняли данную им Богом обязанность.

Большинство родителей и служителей церкви, сталкиваясь с этим вопросом, обычно занимают положение где-то между этими крайностями, склоняясь в ту или другую сторону [13]. Во многих случаях нет определенности, какая именно ответственность за духовное развитие детей ложится на церковь или на родителей. О том, какими должны быть отношения между семьей и церковью при выполнении этих обязанностей, редко говорят или учат.

Иногда родители полагают, что служение церкви наставляет их детей в большей степени, чем на самом деле. Иногда руководство церкви полагает, что дома происходит больше, чем на самом деле. Во многих случаях ни родители, ни руководители церкви не сильно задумываются о наставничестве детей, и еще меньше — о характере своей ответственности за него.

Где наблюдается упадок целенаправленного, всестороннего наставничества в семье и в церкви, там не стоит удивляться росту библейской безграмотности среди тех, кто вырос в этих семьях и церквях.

Павел еще много веков назад указал на эту проблему, когда спросил: «Как веровать в Того, о Ком не слыхали?» (Рим. 10:14). Как они могут веровать, не имея адекватного знания или понимания Слова Божьего? Хотя это и разбивает нам сердце, не стоит удивляться тому, что все большее число детей оставляют Христа и Его Церковь, покидая дом и попадая в мир, где практически ничто не побуждает их снова показаться на пороге церкви.

---

[13] Дополнительные материалы по этой теме можно найти в полезной книге Тимоти Джонса: Timothy Paul Jones, *Perspectives on Family Ministry: Three Views* (Nashville, Tenn.: B&H, 2009).

Чтобы повернуть вспять эту тревожную тенденцию, нужно полностью положиться на Божью благодать, а также и церковь, и семья должны принять совместную ответственность за наставничество своих детей. Стараясь внушить эту ответственность родителям, британский пастор Джон Энджелл Джеймс в 1849 году призывал их часто напоминать себе, что они отвечают за души своих детей:

> Вы, если вы [чуткие], часто будете говорить: «Я родитель. Я христианин и родитель. Я исповедую, что мое дитя имеет душу, спасение или погибель которой во многом зависит от меня. Да, во многом от меня зависит, окажутся ли мои дети в вечной славе или в [аду]. Как невыразимо серьезно! Как чрезвычайно важно! Мне дано не только заботиться об их телах или развивать их умы, но и вести к Христу их души, бессмертные души! Всякий другой родитель, будь то зверь или птица, инстинктивно учит свое потомство высшему благу, на какое способна их природа; неужели я, пренебрегая [воспитанием своих детей], пренебрегу высшим благом, на котором [основано их вечное упование]? Даже морские чудовища вскармливают своих детенышей — буду ли я более жесток, чем они?»[14]

Чтобы не оказаться хуже «морских чудовищ» дома и в церкви, необходимо достичь общего понимания и признания того, что церковь и дом (семья) — это два института, учрежденные Богом для наставничества следующего поколения. И родители, и руководители церкви должны принять эту привилегию и ответственность со всей верностью, как подотчетные Богу. Затем,

---

[14] John Angell James, "Earnestness implies a deep sense of the tremendous responsibility of the parental relation" in *The Church in Earnest,* chapter 5, section III (Boston, Mass.: Gould, Kendall, & Lincoln, 1849), 115–116. (Квадратными скобками в этой цитате отмечены места, где я заменил несколько слов, чтобы яснее донести мысли Джеймса до современного читателя. — Д. М.)

как указывает этот второй принцип, они должны развивать тесное сотрудничество между церковью и семьей.

Прежде чем обсуждать, что для этого нужно, давайте рассмотрим библейское основание для такого сотрудничества.

БИБЛЕЙСКИЙ ОБРАЗЕЦ

Вероятно, самое ясное повеление для родителей дано в Ефесянам 6:4, где отцов увещают воспитывать своих детей «в учении и наставлении Господнем». Моисей, несомненно, имел в виду родителей во Второзаконии 6, призывая Израиль «внушать» своим детям «…слова сии, которые Я заповедую тебе сегодня…» (Втор. 6:6). Мы ясно видим, что это повеление дано в контексте семьи, поскольку Моисей продолжает: «…говори о них [этих словах], сидя в доме твоем и идя дорогою, и ложась и вставая…» (Втор. 6:7).

Во всей Книге притчей подразумевается ответственность родителей за наставление детей. В Притчах 1:8 написано: «Слушай, сын мой, наставление отца твоего и не отвергай завета матери твоей…», а в Притчах 6:20: «Сын мой! Храни заповедь отца твоего и не отвергай наставления матери твоей…»

Слова Павла в 2 Тимофею 1:5 и 3:15 подразумевают, что Евника и Лоида учили Тимофея, и можно полагать, что именно эти искренне верующие женщины впервые познакомили его со «священными писаниями», которые он знал с детства.

В Библии еще больше сказано о коллективной ответственности народа Божьего за воспитание следующего поколения. Моисей явно имел в виду родителей, когда говорил то, что записано во Второзаконии 6:6–7, но поскольку он обращался ко всему Израилю того времени (Втор. 1:1), нам следует считать, что он также возлагал эту ответственность на все общество.

В Псалме 77 мы видим более ясное утверждение об этой коллективной ответственности. В 3-м стихе Асаф говорит об истинах, которые «…отцы наши рассказали нам…», а в следующем стихе решительно заявляет: «…[того] не скроем от детей их, возвещая роду грядущему славу Господа…» Кажется, здесь Асаф подчеркивает, что у общины есть ответственность наставлять «детей их».

В 5-м стихе Псалма 77 снова указано на личную обязанность, данную «отцам нашим», учить своих детей. После этих слов Асаф выражает общее желание Израиля, чтобы следующее поколение знало истину, и чтобы, когда они вырастут, то «дети, которые родятся», научились от них «…возлагать надежду свою на Бога…» (Пс. 77:6–7). Очевидно, что каждый человек в Израиле должен был понимать свою личную ответственность за обучение (наставничество) следующего поколения и вместе со всей общиной нести ответственность за передачу Божьего «устава» (ст. 5) всем поколениям.

Новый Завет учит, что Церковь отвечает за наставничество, и нет оснований считать, что детей следует исключить из этого. Церкви в Колоссах Павел говорит: «…Которого мы проповедуем, вразумляя всякого человека и научая всякой премудрости, чтобы представить всякого человека совершенным во Христе Иисусе…» (Кол. 1:28).

Ефесянам он пишет:

▎ *И Он поставил одних апостолами, других пророками, иных евангелистами, иных пастырями и учителями, к совершению святых, на дело служения, для созидания Тела Христова, доколе все придем в единство веры и познания Сына Божия… в меру полного возраста Христова; дабы мы не были более младенцами… но… все возращали в Того, Который есть… Христос… (Еф. 4:11–15).*

В 2 Тимофею 2:2 Павел напоминает своему ученику: «…и что слышал от меня при многих свидетелях, то передай верным людям, которые были бы способны и других научить».

Когда мы читаем в Евреям 10:24: «Будем внимательны друг ко другу, поощряя к любви и добрым делам», — мы должны быть внимательны и к детям. Когда ранее в этом послании сказано: «Но наставляйте друг друга каждый день, доколе можно говорить: „ныне“, чтобы кто из вас не ожесточился, обольстившись грехом» (Евр. 3:13), то слова «кто из вас», как кажется, охватывают и юных, и старых.

Нашу ревность по наставничеству следующего поколения должен отличать вес библейской ответственности, данной нам Богом. Не только каждый родитель, пастор, служитель, молодежный лидер и учитель воскресной школы, но и каждый последователь Христа должен ощущать вес этой ответственности и обязанность помогать молодым людям стать учениками и духовно расти.

Вместе церковь и семья могут достичь большего для воспитания подрастающего поколения, чем может сделать каждый из этих институтов в отдельности. Каждый из них имеет ресурсы и влияние, которых нет у другого. Таким образом, крайне важно сосредоточить внимание на мощном влиянии, которое может оказать их сотрудничество.

ЦЕРКОВЬ И НАСТАВНИЧЕСТВО

Церкви идеально подходят для формирования библейского видения о следующем поколении, чтобы его могла принять вся община и каждый родитель в церкви. Церковь может поощрять это видение через проповедь и учение. Она собирается для совместного богослужения, которое невозможно воспроизвести дома. Она также хорошо подходит для формирования организованного плана наставничества детей и молодежи.

Еще одна важная роль, которую играет церковь в сотрудничестве с семьей, состоит в том, что в ней и «наставляемый», и «наставляющий» могут найти поддержку, ободрение, вдохновение и подотчетность. Молодым родителям полезно иметь отношения, как в 2-й главе Титу, с опытными родителями, которые могут дать совет и поделиться житейской мудростью, приобретенной за годы опыта. Кроме того, для детей и молодежи может быть полезно учиться у других взрослых, которые разделяют с их родителями общую веру, видение и ценности, и находиться под их влиянием. Кроме того, у детей есть возможность расти в вере среди других ребят в церкви, которых учат тому же самому и побуждают двигаться в том же направлении.

Один из ключевых моментов для эффективного и плодотворного наставничества следующего поколения дома и в церкви — это эффективное и плодотворное служение мужчинам. Влияние мужа и отца на прочность брака, на стабильность в семье и на физическое, эмоциональное и духовное развитие детей неоценимо. То, что церковь делает, помогая мужчинам лучше понимать свою роль и ответственность как пастырей своей семьи и обеспечивая их необходимыми инструментами и поддержкой, может приносить плод в жизни их детей и внуков в течение несколько поколений.

РОДИТЕЛИ И НАСТАВНИЧЕСТВО

Хотя об уникальных возможностях Церкви влиять на веру нового поколения можно было бы сказать еще многое, в оставшейся части главы я рассмотрю исключительную роль родителей в процессе наставничества.

Почти само собой разумеется, что у родителей есть огромные возможности для влияния на своего ребенка. Узы, соединяющие родителей и детей, не похожие ни на какие другие отношения в нашей жизни, дают огромное преимущество для наставничества следующего поколения. У нас как родителей есть особая и уникальная заинтересованность, привязанность, ответственность и обязанность по отношению к своим собственным детям. Благодаря этим уникальным отношениям мы будем в большей степени, чем кто-либо другой на земле, посвящать себя физическому, эмоциональному и духовному развитию своих детей.

Одно из ценных вложений, которое родители делают в сотрудничество между церковью и домом, — это знание. Ни у какого учителя воскресной школы или молодежного служителя нет возможности узнать каждого ребенка так, как знают его родители. Родители могут видеть сильные и слабые стороны, признаки благодати и проявления испорченности и греха. Они будут замечать духовный рост в жизни ребенка и знать, где этот рост требуется.

У родителей также больше времени и значительно больше доступа к детям. В большинстве случаев дети школьного возраста, чьи семьи активно участвуют в жизни церкви, проводят менее четырех часов в неделю на церковных мероприятиях по ученичеству. Эти несколько часов могут оказать большое влияние, но, конечно, не могут дать опыта повседневной жизни, где Слово Божье можно проверить, испытать и убедиться в его истинности. В течение этого короткого промежутка времени нечасто бывают случаи, когда ребенка можно призвать довериться Богу в конкретной ситуации и сделать шаг веры. У родителей такие случаи бывают каждый день! Дух Святой каждый день ставит детей в такие ситуации, когда под руководством и влиянием своих родителей они могут на практике применять истины, которые они узнали, и видеть, как Бог действует в их жизни.

Положение родителей позволяет им наставлять своих детей все время, пока они растут от младенчества до зрелого возраста и проходят через различные периоды жизни. Влияние родителей через наставничество, скорее всего, отразится не только на их детях и внуках, но и на всех поколениях.

И вновь подходящая нота для завершения этой главы звучит у пастора Джона Энджелла Джеймса. Хотя эти слова были обращены к юношам, они для всех нас будут напоминанием, как сильно наши поступки влияют на будущие поколения:

▐▐ *Задумайтесь, какие семейные отношения вы будете поддерживать. Понаблюдайте и заранее оцените, какой муж, отец, хозяин и работник, скорее всего, из вас получится, как вы будете вести домашнее хозяйство. Судьба какой-то женщины всю жизнь будет зависеть от вас, и счастье семьи, возможно, многочисленной; а от их поступков впоследствии будет зависеть судьба других, которые произойдут от них. Таким образом, с вас начнется темная или светлая череда человеческих жизней, которая пройдет через все последующие поколения и будет продолжаться, пока не прозвучит последняя труба. Горе или блаженство, спустя столетия... может начинаться с вас [15].*

Давайте верно развивать тесное сотрудничество между церковью и семьей, и да будет Богу угодно, чтобы «светлая череда человеческих жизней» началась с тех, кто верно трудится вместе ради наставничества и вечной радости, которая охватит «все

---

[15] John Angell James, *Addresses to Young Men: A Young Man's Friend and Guide* (Morgan, Penn.: Soli Deo Gloria Publications, 1995. Originally published in 1860), 32.

последующиепоколенияибудетпродолжаться,поканепрозвучит последняя труба»!

ИТОГ

Богпризвалицерковь,исемьювоспитыватьследующиепоколения, чтобы они знали, чтили и ценили Бога через Иисуса Христа.Этодостигаетсяблагодарястратегическому,основанномуналюбвисотрудничествумеждуцерковьюисемьей. Этосотрудничествоподтверждает,чтородители,всилусвоей близости,благоприятныхвозможностейиБожьегозамысла, несутуникальнуюответственностьзавзращиваниеверысвоих детей. (См. Втор. 6:4–7.) Это сотрудничество также подтверждаетрольиответственностьцерковногоруководства обеспечитьподдержкуиподготовкуродителей,атакжеобучение детей и молодежи.

Заглядываявперед:Чемуименнонынешнеепоколениеродителей и учителей должно учить следующее поколение?

ПРИНЦИП 3

Учить широте и глубине всей воли Божьей

В ПЕРВОЕ УТРО, когда Суреш Сингх вместе с друзьями посетил воскресную школу, учитель рассказал историю Исхода. Суреш никогда раньше не слышал, что Бог знамениями и чудесами вывел израильский народ из Египта. На следующей неделе учитель опять рассказал ту же самую историю. И еще раз на следующей неделе. И на следующей тоже.

«Я слушал там историю Исхода каждую неделю в течение двух лет, потому что у них не было ничего другого», — вспоминает Суреш. Одной из главных причин, почему Суреш в то время не узнал из Библии больше, было то, что в его деревне в индийском штате Манипур не было никакой учебной программы для детей на их языке (хотя Библия была переведена на язык хмар еще 26 лет назад).

В Северной Америке вы едва ли найдете церковь, где два года подряд детям повторяют историю Исхода, но меня беспокоит, что церкви, имеющие доступ к многочисленным ресурсам для преподавания Библии детям, дают им лишь малую часть этой Библии.

Зачастую маленьким детям снова и снова рассказывают те же самые истории, в то время как огромные части Писания остаются без внимания. К пяти годам большинство детей в христианских семьях уже десятки раз слышали историю о Ное и ковчеге, но при этом другие существенные части Библии остались в стороне. Если «все Писание богодухновенно и полезно для научения, для обличения, для исправления, для наставления в праведности...» (2 Тим. 3:16), разве мы не должны рассказывать детям столько Писания, сколько они могут усвоить? Вместо того чтобы надоедать им поверхностным изложением одних и тех же историй, не следует ли нам расширять базу их библейских знаний?

Ограничивая доступ детей к Писанию, мы тем самым ограничиваем их представление о Боге. Бога нужно видеть во всем многообразии Его многогранного характера. Как можно понять верность Бога Своему избранному народу без многочисленных историй о том, как Бог поступал с неверным Израилем? Как дети смогут понять, что Божьи обещания верны, если им не расскажут, чем все закончится, когда Божьи обещания исполнятся? Только через знакомство с самыми разными историями и библейскими текстами дети могут понять сбалансированность Божьего характера: что Он милосердный, и при этом справедливый; что Он высокий и превознесенный, и при этом пребывает в тесном общении со Своим народом.

НЕ УПУСКАЙТЕ ВОЗВЕЩАТЬ ВСЮ ВОЛЮ БОЖЬЮ

Немногие библейские тексты повергают меня в такой трепет, как Деяния 20:26–27. Там приведены поразительные слова, с которыми Павел обратился к ефесским пресвитерам: «Посему свидетельствую вам нынешний день, что чист от

кровивсех,ибоянеупускалвозвещатьвамвсюволюБожию».
Еслизадуматьсянадзначениемданногостиха,этогобудетдо-
статочно,чтобылюбойпастор,родительилиучительнеспал
по ночам.

Из поручения Моисея Израилю во Второзаконии 6:6–7
мы знаем, что «слова сии» должны быть в нашем сердце, и что
мы должны «внушать их» своим детям. Из Псалма 77:5 мы
знаем, что Бог «…постановил устав в Иакове и положил закон
в Израиле…» и повелел нам обучать ему своих детей. Из слов
Павла в 2 Тимофею 1:14 мы знаем, что нам вверен «добрый
залог», который надо «хранить».

Все эти тексты подтверждают нашу ответственность и пита-
ют нашу ревность по верной передаче истины Божьего Слова
следующим поколениям. А вот слова, сказанные апостолом
Павлом при прощании с пресвитерами на побережье у Милита,
помогают нам понять, насколько это серьезная ответственность.
Павел понимал, что он отвечает за то, чтобы возвещать этим
людям «всю волю Божию». Если бы он пренебрег этим, на нем
была бы их кровь. Двумя главами ранее Лука записал, что сказал Павел в ответ иудеям в Коринфе, когда «они противились
и злословили» его за свидетельство, что «Иисус есть Христос».
Павел, «…отрясши одежды свои, сказал к ним: „Кровь ваша на
главах ваших; я чист…"» (Деян. 18:5–6).

Представление, что мы можем быть виновны в чьей-то
крови из-за пренебрежения обязанностью передавать то, что
нам поручено, восходит к словам, сказанным Богом пророку
Иезекиилю (Иез. 3:17–21; 33:1–9). Ответственность Иезеки-
иля сравнивалась с ответственностью стража на стене, который, «увидев меч, идущий на землю» должен поднять тревогу
и предупредить находящихся за стеной. Если он пренебрег этой
обязанностью, в результате чего погибли те, кого он был обязан

предупредить о надвигающейся опасности, их кровь будет на его голове. Однако если люди погибли из-за того, что не вняли предупреждению стража, который добросовестно исполнял свои обязанности, он будет невиновен, а кровь людей будет на их собственных головах.

Несомненно, Элиза Сперджен понимала, что была на стене ради своих детей, включая первенца, Чарльза, который никогда не забыл, как она молилась:

> *Господи, если же мои дети будут упорствовать в своих грехах, то погибнут они не от неведения, и в день суда душа моя должна будет ясно свидетельствовать против них, если они не будут держаться Христа [16].*

Нам вверена воля Божья и обязанность верно передавать ее следующим поколениям. Мы не отвечаем за то, как дети отреагируют на это, но мы навлечем на себя суд, если наши дети погибнут от невежества из-за того, что мы пренебрегли своей ответственностью учить их всей воле Божьей.

ЧТО ТАКОЕ ВСЯ ВОЛЯ БОЖЬЯ?

Если мы хотим разобраться с этой ответственностью, нужно выяснить, что же такое «вся воля Божья». Иначе как мы вообще сможем с уверенностью сказать, что верно передали своим детям порученную нам истину и потому неповинны в их крови? Очень важно ответить на этот вопрос, и это было не просто для нас как родителей, на которых лежала ответственность за воспитание двух дочерей в учении и наставлении Господнем.

---

[16] Charles Spurgeon, *Charles Spurgeon Autobiography,* Volume 1, The Early Years (Carlise, Penn.: The Banner of Truth Trust, 1962), 44.

Как пастору, мне было еще важнее и труднее ответить на этот вопрос для родителей и церкви в целом, чтобы подготовить их верно исполнять свое призвание и нести ответственность за вверенных им детей.

Легко было бы ответить на этот вопрос, показав Библию и сказав: «Вот вся воля Божья». Хотя это легко, от этого мало пользы, когда нам надо решать, что именно и когда мы должны преподавать. Павел провел около двух лет с ефесскими пресвитерами — каков был объем и последовательность его учения? В Библии множество истин, на понимание которых может уйти вся жизнь, и еще больше, чтобы эффективно передать все это следующему поколению. Как можно определить, что именно входит во всю волю Божью, чтобы иметь уверенность, что мы возвестили ее в достаточной мере?

ШИРОТА И ГЛУБИНА

Для начала следует объяснить родителям и руководителям церкви, что у открытой в Писании воли Божьей есть как широта, так и глубина. Например, мы должны передать следующему поколению широту знаний о Божьей благости, любви, милосердии, верности, справедливости, могуществе, сострадании, блаженстве и святости, а также о других многочисленных атрибутах Бога. Но в каждом из этих атрибутов есть и глубина, и нашим детям нужно начать постигать ее.

Например, возьмем Божью любовь. Большинство детей в воскресной школе очень рано узнают, что Бог есть любовь и что Он их любит. Не все они когда-нибудь смогут заглянуть глубже поверхности и понять истинную суть и глубину Божьей любви. И дома, и в церкви мы часто бываем слишком довольны тем, что наши дети узнают, что Бог их любит, хотя эта любовь не была подробно раскрыта, определена или помещена в контекст святой природы Бога. Павел не счел бы достаточным, если бы у ефесских верующих было такое скудное понимание Божьей любви. Он писал: «Для сего преклоняю колени мои пред Отцом Господа нашего Иисуса Христа, от Которого именуется всякое отечество на небесах и на земле... чтобы вы, укорененные и утвержденные в любви, могли постигнуть со всеми святыми, что широта и долгота, и глубина и высота, и уразуметь превосходящую разумение любовь Христову...» (Еф. 3:14–15, 18–19). То же самое можно сказать и о познании Божьего могущества. Двумя главами ранее Павел говорил той же самой группе верующих в Ефесе, что он непрестанно молится о нескольких нуждах, в том числе, чтобы они познали, «как безмерно величие могущества [Бога] в нас, верующих...» (Еф. 1:18–19).

Заметьте, в обоих случаях Павел указывает, что мы не можем до конца постичь глубину «превосходящей разумение» любви или «безмерного» могущества Бога. Если мы отвечаем за то, чтобы возвещать всю волю Божью, как мы можем быть уверены, что справились, если пределы Его любви или могущества невозможно постичь или измерить? Если даже взрослым постичь эти истины кажется невозможным, то тем более сложным представляется научить этому наших детей.

Мой предварительный ответ сводится к тому, чтобы призвать нас обращать внимание на то, чему мы учим, и особенно на то, чему мы не учим наших детей. Если прочитавшие эту главу ощутят груз ответственности за воспитание своих детей в истине, если у них появится побуждение принять меры, чтобы верно и целенаправленно помогать следующему поколению как можно больше познавать широту и глубину воли Божьей, если помимо этих целенаправленных усилий они присоединятся к нам в молитве, чтобы пришел «Дух истины», Который «наставит [наших детей] на всякую истину» (Иоан. 16:13), я уверен, что наши дети будут познавать широту и глубину воли Божьей, а мы будем невиновны в их крови.

ВСЯ ВОЛЯ БОЖЬЯ В ПЯТИ КАТЕГОРИЯХ

Чтобы разобраться, что считать целенаправленными и верными действиями по обучению наших детей всей воле Божьей, полезно использовать следующие пять категорий:

1. Обзор Библии и изучение книг. Начинайте с дошкольного возраста, излагая детям истину в хронологическом порядке с помощью историй. Это познакомит их с ключевыми людьми, местами, событиями и темами Библии. При этом важно подчеркивать, что Бог — это автор и главный герой каждой из этих историй и, конечно же, Библии в целом. Это даст детям библейский фундамент, на который будут опираться все остальные истины. После того как дети увидят широту Божьего Слова в том, как оно было открыто, будет полезно более глубоко разбирать отдельные книги Библии по мере взросления детей.

2. Библейское богословие изучает основной ход событий Писания, посредством которого Бог постепенно открывает Свои искупительные замыслы, достигающие своего полного исполнения в Личности и труде Иисуса Христа. Цель состоит в том, чтобы ученики увидели, как все разнообразные истории Библии, написанные в течение долгого времени, доносят одну главную, единую весть. Дети должны видеть, что все различные темы Писания связаны с Христом и Его спасительным подвигом.

3. Систематическое богословие — это тематический подход к преподаванию основополагающих доктрин христианской веры. Систематическое богословие излагает библейское учение по различным вопросам, один за другим, и по каждой теме делает выводы на основе всего Писания.

4. Проповедь Евангелия — это прямое и всестороннее изложение основных истин Евангелия, ведущее к ясному пониманию Личности и труда Иисуса Христа и того, что значит истинное покаяние и вера.

5. Нравственное и этическое наставление знакомит учеников с характером, ролью и важностью Божьих законов и повелений, книг мудрости, а также нравственных и этических поучений Иисуса и апостолов. Такое наставление необходимо, чтобы понимать Божий характер и требования и нашу нужду в Евангелии, а также чтобы направлять верующих в праведном и благочестивом поведении.

Если помнить об этих пяти категориях, нам будет легче определиться с тематикой и последовательностью занятий и обеспечить соответствующую широту и глубину изучения Писания, необходимую для верного обучения детей всей воле Божьей.

Слова Дональда Карсона обо всей воле Божьей могут послужить полезным кратким руководством для определения того, охватывает ли наше учение ту широту и глубину, которую имел в виду Павел:

Должно быть, он имел в виду, что проповедовал главную идею всего Божьего откровения, соблюдая равновесие, не упуская ничего, что имело первостепенное значение, никогда не избегая трудных моментов, помогая верующим постичь всю волю Божью, чтобы они и сами были лучше подготовлены к разумному, полноценному чтению Библии [17].

ИТОГ

Наше поколение должно учить следующее поколение всей воле Божьей — базовым познаниям широты и глубины Писания, необходимым для того, чтобы обрести спасение во Христе и жить по вере. При изучении всей воли Божьей можно выделить пять категорий, охватывающих конкретные важные вопросы:

- обзор Библии и изучение книг (Что говорится в Библии? О ком говорится в Библии?);
- библейское богословие (Какова главная весть Библии?);
- систематическое богословие (Какие важнейшие доктрины христианской веры?);
- проповедь Евангелия (Что нам нужно для спасения? Как спастись?);
- нравственное и этическое наставление (Как нам следует жить?).

Заглядывая вперед: Что имеет решающее значение для проповеди Евангелия в рамках изучения всей воли Божьей?

---

[17] D. A. Carson, "Challenges for the Twenty-First-Century Pulpit" in *Preach the Word: Essays on Expository Preaching: In Honor of R. Kent Hughes* (Wheaton, Ill: Crossway Books, 2007), 177–178.

Проповедовать славное Евангелие Иисуса Христа

ПРЕДСТАВЬТЕ СЕБЕ следующую ситуацию. Прекрасное воскресное утро в Энской библейской церкви. Грэм Джонсон и его жена Карен находятся в небольшом конференц-зале вместе с 14-летним Итаном, который явно немного нервничает.

Джонсоны знают Итана всю его жизнь. Миссис Джонсон и мама Итана — близкие подруги. Мистер Джонсон «классный», но он также служитель, и эта встреча немного странная. Итан не уверен, чего можно ожидать.

Итан замечательный паренек. Он хорошо себя ведет в церкви и дома. У него отличные успехи в школе, хорошая компания друзей, и учителя его очень любят. Несколько месяцев назад он выразил желание креститься. Итан не думал, что для этого нужно будет пройти собеседование со служителем.

Он рад, что Тревор Гилмор тоже здесь. Тревор — лидер малой группы для девятиклассников, и он вел класс подготовки к крещению, который посещал Итан.

Итан заметно успокаивается, когда начинается непринужденный разговор о его любимом виде спорта. Трое взрослых были явно поражены, когда Итан назвал средние показатели нескольких игроков, а также число побед и поражений за сезон для двух команд, которые, по его мнению, сыграют в финале чемпионата в этом году. Посмотрев на часы, Грэм Джонсон улыбнулся и переключился в режим собеседования. После молитвы Тревора разговор продолжается:

Мистер Джонсон: Итан, пожалуйста, расскажи нам, как ты стал христианином?

Итан: Ну, еще давно, когда мне было семь лет, умерла моя бабушка. Примерно в то время однажды вечером я думал о ней. Мне было интересно, что она сейчас делает. Я стал думать, каково это — быть мертвым. Я подумал, а правда ли я пойду на небеса, когда умру. Я сильно испугался и спустился на первый этаж поговорить с мамой и папой. Папа рассказал мне, как можно быть уверенным, что я пойду на небеса, когда умру. Мама и папа показали несколько стихов, например, Иоанна 3:16, и рассказали мне Евангелие. Потом мы помолились, и я попросил Иисуса войти в мое сердце.

Мистер Джонсон: Спасибо, Итан. Из того, что твой папа рассказал тебе в тот вечер, и из того, что ты узнал в воскресной школе и малой группе, как ты понимаешь Евангелие?

Итан: Ну, Библия говорит, что все мы грешники и поэтому не можем пойти на небеса. Но Иисус умер за наши грехи, поэтому если мы верим в Него и приглашаем в свое сердце, то можем пойти на небеса, когда умрем.

Мистер Джонсон: Понятно. А что значит верить в Иисуса?

Итан: Э-э… ну… ты должен верить, что Иисус умер за твои грехи… и… м-м… что Он Божий Сын?

Мистер Джонсон: Да, правильно. Библия учит, что Иисус — Божий Сын и что Он умер за наши грехи. Как ты думаешь, верит ли сатана, что Иисус — Божий Сын и что Он умер за наши грехи?

Итан: Э-э... да... наверно.

Мистер Джонсон: Поскольку сатана верит в Иисуса, как ты думаешь, попадет ли сатана на небеса?

Итан: Нет, точно нет!

Мистер Джонсон: Итан, как ты думаешь, почему грех не дает нам попасть на небеса?

Итан: Э-э... м-м... Я точно не знаю.

Мистер Джонсон: Ничего страшного, Итан. Какой бы ни была причина, ты знаешь, что грех — это проблема, и он не дает нам попасть на небеса после смерти.

Итан: Да, так и есть!

Мистер Джонсон: Ты сказал, что для нас важно верить, что Иисус умер за наши грехи. Это правда, и я очень рад, что ты в это веришь. И как, по твоему мнению, смерть Иисуса решает проблему с нашими грехами?

Итан: Ну... когда Иисус умер, Он взял наши грехи... и умер за них, чтобы нам уже не надо было...

Давайте оставим Итана и мистера Джонсона, пока они продолжают свою беседу...

ШИРОТА И ГЛУБИНА ЕВАНГЕЛИЯ

За более чем тридцать лет служения пастором и пресвитером в двух разных церквях мне довелось услышать сотни свидетельств людей, которые готовились принять крещение или стать членами церкви. Некоторые из них были молодыми людьми, у которых ситуация и ответы были похожи на только что описанные. В каждом случае цель была в том, чтобы распознать искреннее исповедание веры и достаточное понимание Евангелия. Иногда, как в случае, который мы только что рассмотрели, добиться этого довольно трудно.

Как может молодой человек расти в христианской семье, всю жизнь посещать церковь, где проповедуют Евангелие, практически никогда не пропускать занятий в воскресной школе или молодежных собраний, и в 14 лет так слабо понимать то единственное, что будет иметь для него значение через тысячу лет? Хотя такой разговор может вызвать разочарование, но еще хуже, когда подобные ответы дает человек вдвое старше Итана, или вообще один из его родителей.

Итан явно уловил какие-то фрагменты евангельской истины, но, очевидно, не было успешных попыток помочь ему понять широту и глубину Евангелия. Надо уточнить, что показать четкое понимание Евангелия еще не значит быть истинно верующим, так же как и слабое понимание истины не обязательно говорит об отсутствии подлинной веры. Вопрос в том, как человек может с уверенностью принять Евангелие и исповедовать веру в спасительный труд Христа, если он на самом деле не понимает этого? Как может быть, чтобы мы (или наши дети) были уверены, что мы рождены свыше, если мы не понимаем, на чем основана наша уверенность? Надо ли крестить детей, которые горят желанием, чтобы их «окунули», когда они по сути ничего не знают о смысле этого внешнего выражения славного внутреннего и вечного действия Христа в жизни верующего?

Этот четвертый принцип — проповедовать славное Евангелие Иисуса Христа — родился из искреннего желания, чтобы те, кто растет в наших церквях, и все, кто придет вслед за ними, унаследовали твердое понимание Евангелия, чтобы «…возлагать надежду свою на Бога и не забывать дел Божиих…» (Пс. 77:7). Основанием для этой надежды на Бога стали совершенная жизнь, смерть и воскресение Его Сына, Господа нашего Иисуса Христа. Эта надежда — евангельская надежда. Эта евангельская надежда возвещает отчаявшимся грешникам, что спасение дается только по благодати, только через веру, только во Христе!

Но важно понимать, что Евангелие складывается и формируется из основных доктрин, находящихся во всем Писании. Например, все атрибуты Бога, включая Его триединую природу, отражены в Евангельской вести. Природа человека, грехопадение, заветы Бога со Своим народом, Закон и другие важные истины, постепенно раскрываемые в Ветхом Завете, также служат ключом к пониманию Евангелия.

Поэтому мы должны быть осторожны, чтобы приоритетное желание донести Евангелие не повредило намерению преподавать широту и глубину всей воли Божьей. Конечно, важно, чтобы Ветхий Завет понимали и изучали в свете Евангелия. Однако в последние годы стали уделять чрезмерное внимание тому, чтобы каждый библейский урок напрямую связывать с Иисусом и Евангелием. Эта тема прозвучала во время записи интервью с Джоном Пайпером, который высказал серьезную озабоченность, что это может превратиться в неоправданно упрощенный принцип толкования. Он сказал:

> *Опасность слишком быстрого, методичного и регулярного перехода к кресту заключается в том, что, во-первых, это начнет звучать искусственно. Это начнет звучать однообразно. Это станет вычурным, потому что вы будете придумывать хитроумные способы, как найти то, чего на самом деле там нет, и это помешает вам видеть то важное, что там есть* [18].

---

[18] Интервью с Джоном Пайпером, цит. по: "Does Every Lesson Need to be a 'Jesus and the Cross' Lesson?" August 1, 2018. https://www.truth78.org/blog/post/every-lesson-a-jesus-lesson.

Бывает подходящее время и место, чтобы представить детям и молодежи пошаговое изложение Евангелия. Но наша главная цель — заложить прочный фундамент Евангелия для наших детей, чтобы они знали

> *…священные писания, которые могут умудрить… во спасение верою во Христа Иисуса. Все Писание богодухновенно и полезно для научения, для обличения, для исправления, для наставления в праведности, да будет совершен Божий человек, ко всякому доброму делу приготовлен (2 Тим. 3:15–17).*

Будем верно наставлять наших детей в истине, а Бог да умудрит их во спасение и оживит в надежде Евангелия.

ОСНОВНЫЕ ИСТИНЫ

Наставничество с акцентом на Евангелие начинается с понимания основных истин Евангелия:

1. Бог — полновластный Творец всего.
ВЫВОД: Бог сотворил вас. Вы принадлежите Богу. Бог ваш правитель.

2. Бог сотворил людей для Своей славы.
ВЫВОД: Бог сотворил вас, чтобы вы познавали Его, доверяли Ему и любили Его больше всего.

3. Бог святой и праведный.
ВЫВОД: Божьи повеления святые и праведные. Вы должны все время повиноваться Божьим повелениям.

4. Человек грешен.

ВЫВОД: Вы были непослушны Божьим повелениям. Вы грешники.

5. Бог справедливо карает за грех.

ВЫВОД: Вы заслуживаете Божьего наказания смертью и адом. Вы не в силах спасти себя сами.

6. Бог милостивый. Он благ к недостойным грешникам.

ВЫВОД: Вы должны полагаться на Божью милость, чтобы обрести спасение.

7. Иисус — святой и праведный Божий Сын.

ВЫВОД: Иисус пришел в мир, чтобы спасти вас.

8. Бог возложил на Иисуса наказание грешников, чтобы возложить на них Его праведность.

ВЫВОД: Иисус умер на кресте, понеся наказание вместо вас.

9. Бог даром дает спасение тем, кто кается и верит в Иисуса.

ВЫВОД: Бог говорит, чтобы вы поверили в Иисуса и покаялись в своих грехах, и тогда вы будете спасены.

10. Верующие в Иисуса будут жить, делая угодное Ему, и получат обетование вечной жизни — вечное общение с Богом на небесах.

ВЫВОД: Если вы верите в Иисуса ради своего спасения, вы должны следовать за Ним. Иисус обещал, что когда вы умрете, Он возьмет вас на небо, чтобы вы вечно жили с Богом и радовались Ему [19].

---

[19] См. приложение 3: Десять основных истин Евангелия.

ЕВАНГЕЛЬСКИЙ ОБРАЗ ЖИЗНИ

Такое понимание основных истин, по Божьей благодати, должно привести к необходимому ответу — истинному покаянию и вере только во Христа.

Наставничество с акцентом на Евангелие должно привести к евангельскому образу жизни, который состоит в том, чтобы поступать по Духу (Рим. 8:4), отвергать свои эгоистичные желания и жить для Иисуса (Лук. 9:23), ежедневно уповать на Него (Матф. 6:25–34), покоряться Его воле и Его путям (Иак. 4:7), полагаться на водительство и силу Святого Духа (Пс. 31:8; Зах. 4:6), умерщвлять грех (Кол. 3:5–9), возрастать в святости (2 Кор. 3:18), а также чтить и ценить Христа превыше всего (Кол. 2:2–3).

СУВЕРЕННОЕ ДЕЙСТВИЕ БОГА

Нам вверена славная весть. Принять эту весть — единственная надежда следующих поколений на спасение и вечную радость. Сколь бы эффективно мы ни помогали нашим детям понять весть Евангелия и поверить в нее во всей полноте и глубине, нельзя забывать, что для действия Евангелия в душах наших детей необходимо чудо, которое мы не можем совершить.

Наши дети родились мертвыми по своим преступлениям и грехам. Ни самый богоцентричный учебный план с акцентом на Евангелие, ни самая хорошо финансируемая, соответствующая возрасту программа с привлечением родителей не могут воскресить наших детей от духовной смерти. И они не могут заменить сердце каменное на сердце плотяное (Иез. 11:19).

В конечном счете, спасение детей находится в Божьих руках. Иисус сказал: «Никто не может прийти ко Мне, если не привлечет его Отец, пославший Меня…» (Иоан. 6:44). Бог полностью суверенен и избирает, кого хочет (Исх. 33:19б). Если только Бог не будет действовать в сердце ребенка, все наши усилия будут напрасны (Лук. 18:27).

Впрочем, часто наши усилия служат тем самым средством, через которое Бог по провидению совершает Свой спасительный труд. Верно провозглашая славное Евангелие Иисуса Христа, мы трудимся от всего сердца, с молитвой и постоянством направляя, вдохновляя и призывая следующие поколения к личному и искреннему ответу на Евангелие, который принесет плод любви, упования и радости в Боге через Иисуса Христа. Да будет угодно Богу по действию Духа и благодати совершить то преображение, которого мы так ревностно желаем для следующего поколения.

ИТОГ

Евангелие простое, но поразительно глубокое, оно дается даром, но стоит очень дорого, и именно так его следует преподносить. Хотя Евангелие можно просто донести до детей, наш подход не должен быть слишком упрощенным. Мы должны заложить прочное, глубокое основание, ясно и терпеливо объясняя ключевые истины Евангелия, изложенные во всей Библии.

Повторяя и объясняя их со все большей глубиной, мы надеемся помочь детям увидеть великолепие, величие и святость Бога, чудовищность их проблемы греха и безмерную любовь и милость Бога во Христе, что должно привести к истинному покаянию и искренней вере.

Заглядывая вперед: Как надо учить, чтобы поощрять к вере?

ПРИНЦИП 5

Воспитывать ум, сердце и волю

ДЕТЯМ НЕДОСТАТОЧНО просто знать, о чем говорит Библия и чему она учит. Для плодотворного воспитания следующего поколения крайне важно иметь возможность наставлять разум, затрагивать сердце и влиять на волю. Посмотрите, как моя жена обращалась к разуму, сердцу и воле, наставляя мальчика, который соврал.

Салли вела урок для шестиклассников по 31-му Псалму, и тема урока была «От сокрушения к прощению». Подчеркивая слова в тексте, определяя их значение, задавая вопросы и отвечая на них, а также следя за логикой отрывка, ученики открыли для себя истину, что утаивание греха приносит страдания и вред, а искреннее признание греха ведет к прощению. Этот урок дал наставление для ума.

Но само по себе знание не приносит свободы от греха. Для этого нужно покаяние. А чтобы оно произошло, надо затронуть сердце и повлиять на волю. Пока Салли вела урок, размышляя и молясь о том, как затронуть их сердца, ей захотелось спросить, скрывал ли кто-нибудь из них свой грех и каков был результат такого утаивания.

Один мальчик поднял руку и признался, что когда участвовал в соревновании по рыбалке, то солгал и сказал, что поймал три рыбы, хотя на самом деле поймал две. За этот «улов в три рыбы» он получил награду. Ученики сидели в потрясенном молчании, слушая это искреннее исповедание.

«К чему привело утаивание этого греха?» — спросила моя жена.

Паренек тихо ответил: «Каждый раз, когда я вижу эту награду, я чувствую себя виноватым». Все в классе были под впечатлением.

Салли объяснила классу, что чувство вины — это благословение, которое может привести нас к покаянию. Все вместе они обсудили, как освободиться от греха через исповедание, и к концу занятия мальчик понял, какие шаги ему нужно сделать, чтобы освободиться от вины за свой грех. Он не только понимал, что делать, — его разум получил информацию, но и хотел освободиться от греха, — его сердце было затронуто.

Но он еще не был свободен, пока не решился признаться в своем грехе родителям, а затем исповедать его Богу и попросить прощения. В этот момент подключилась его воля. Ребенок поступил на основании истины.

Хотя мы не всегда видим результат своих наставлений, — как разум познает истину, — мы должны помочь детям понять, как применять истину в своей жизни. Если они примут эту истину, соглашаясь с ней сердцем, Святой Дух даст им возможность действовать в соответствии с ней, используя волю.

Иногда родители и учителя выделяют одно измерение ущерб другим, нанося ущерб ребенку. Например:

• Если сосредоточиться на том, чтобы воля соответствовала Божьим требованиям к поведению, не обращая внимания, какое сердце стоит за этим поведением, у детей будет склонность к лишенной веры самоправедности, а не к упованию на праведность Христа.

- Если выделять сердце, пренебрегая наставлением разума, можно возбудить и поддерживать чувства, даже искренние, но которые не соответствуют Божьей природе или воле.
- Если подчеркивать наставление разума, но уделять мало внимания тому, как нужно реагировать на Слово Божье, действовать и жить по нему, мы рискуем создать у детей впечатление, что Бог и Его Слово не имеют отношения к их жизни.

Ум, сердце и воля — важны все три. Как же их затронуть?

НАСТАВЛЯТЬ УМ

По Божьему замыслу, библейское наставление начинается с обращения к разуму. Посмотрите, как Писание постоянно использует подобные слова: учить, возвещать, наставлять, сообщать, рассказывать и т. д. В ответ на Божье Слово мы призваны внимать, знать, рассуждать, исследовать, размышлять и т. д. Это не ограничивается простым чтением Писания и донесением библейских знаний до наших детей, хотя это важный первый шаг.

Вдумайтесь в эти слова Джона Пайпера из его статьи «Убедительная причина для усердной подготовки ума»:

> *Недавно я читал Послание к евреям и размышлял над ним, и вдруг меня осенило, что основная и убедительная причина для образования — усердной подготовки ума — заключается в том, чтобы человек мог читать и понимать Библию.*

...Вопрос зарабатывания на жизнь далеко не так важен, как то, имеет ли следующее поколение прямой доступ к смыслу Слова Божьего. Нам нужно такое образование, которое после Бога превыше всего ценит познание смысла Божьей Книги и развитие способностей, помогающих на всю жизнь отпереть ее сокровища. Лучше голодать от недостатка пищи, чем не понять смысл Послания к римлянам. Господи, не дай нам подвести следующее поколение! [20]

Наставление ума предполагает обучение и подготовку следующих поколений к тому, чтобы «отпереть» сокровища Слова Божьего. Для этого обязательно нужно научить их правильно обращаться и взаимодействовать с самой Библией. Один из самых наглядных показателей состояния христианского образования в наших церквях — это все более частое отсутствие Библии в воскресных классах. А если у детей и есть Библии, им редко предлагают взаимодействовать с текстом и тщательно изучать его: учиться наблюдать, задавать конкретные вопросы, анализировать, обобщать, сравнивать и т.д. Скорее, на смену активному обучению ума пришло увлечение «практически активным обучением» (физическая активность). В связи с этим возникает вопрос: когда наши дети и ученики вырастут, будут ли они уметь читать, изучать и толковать Библию, чтобы правильно обращаться со словом истины (2 Тим. 2:15)? Смогут ли они давать библейские ответы на трудные вопросы, например: «Почему в мире есть страдания и зло?» Будут ли у них навыки критического мышления, чтобы излагать и защищать Божью истину во враждебной культуре?

---

[20] John Piper, "A Compelling Reason for Rigorous Training of the Mind," July 13, 2005. https://www.desiringgod.org/articles/a-compelling-reason-for-rigorous-training-of-the-mind.

Библейское наставление ума ничем невозможно заменить. Это должно быть приоритетом и так же важно для наставничества, как одна из ножек трехногого табурета. Если не будет какой-нибудь ножки, табурет упадет. Стоящая перед нами задача велика, и она не будет решена, если в своих семьях и церквях мы предадимся интеллектуальной лени. Занятия в воскресной школе, полные веселых развлечений, легких поучений и приятных отношений, неспособны привести к обновлению ума, которое приходит от чтения и изучения Слова Божьего.

Альберт Молер пишет:

> *Христианская верность требует развивать интеллектуальные способности верующего, чтобы мы могли понимать христианскую веру, вырабатывать привычки христианского мышления, формировать основанную на библейской истине интуицию и жить, храня верность всему, чему учит Христос. Конечно, это нелегкая задача. Как для христианского ученичества требуется рост и развитие, так и для интеллектуальной верности требуется целая жизнь, проведенная в преданном изучении, духовном размышлении и аналитическом рассуждении* [21].

ЗАТРАГИВАТЬ СЕРДЦЕ

Дети верующих родителей могут расти в церкви, разбираться в Библии, знать все правильные ответы, но при этом находиться в духовной смертельной опасности, поскольку они никогда не любили истину или Автора этой истины. Они рискуют уподобиться весьма сведущим фарисеям, о которых Иисус сказал:

---

[21] Albert Mohler, "The Glory of God and the Life of the Mind," November 12, 2010. https://albertmohler.com/2010/11/12/the-glory-of-god-and-the-life-of-the-mind.

> ❞ …люди сии… чтут Меня языком, сердце же их далеко отстоит от Меня; но тщетно чтут Меня… (Матф. 15:8–9).

Джон Пайпер предлагает скорректировать видение:

> ❞ В следующем поколении мы хотим не просто голову, полную правильных сведений о Божьих делах; мы хотим голову, полную правильных сведений, и сердце, горящее огнем любви к Богу и к этим сведениям, — сердце, которое все продаст, чтобы последовать за Иисусом в самые трудные места этого мира [22].

Знание о Боге, Его делах и Его путях не спасет, если не затронет сердце и не приведет к правильным желаниям и чувствам. И все же, как объясняет покойный британский пастор Мартин Ллойд-Джонс, для сердечного отклика нужно сначала познать истину:

> ❞ [Христианин] принял истину, которая просветила его. Он понял ее умом. Затем, увидев и поняв истину, он полюбил ее. Она тронула его сердце. <…> Затем, узнав прекрасную и славную истину о любви Христа, вы захотите получить эту любовь, то есть, затронутым окажется ваше сердце [23].

Это движение от головы к сердцу в конечном счете совершает Бог; однако Духу Божьему часто бывает угодно совершать его через родителей и учителей, которые не только наставляют ум,

---

[22] John Piper, "One Generation Shall Praise Your Works to Another: Education for Exultation in the Next Generation," sermon delivered at Bethlehem Baptist Church, Minneapolis, Minn., March 19, 2000. https://www.desiringgod.org/messages/one-generation-shall-praise-your-works-to-another. Полный текст этой проповеди приведен в приложении 4.

[23] Ллойд-Джонс М. Духовная депрессия: Причины возникновения депрессии и способы избавления от нее. СПб.: Мирт, 2002. С. 40–41.

ноизатрагивают сердце ребенка. В первую очередь, и это самое главное, мы должны наставлять, умолять и побуждать их от всего сердца довериться Христу.

Тед Трипп пишет:

> *Чтобы стать причастниками вечной жизни, они должны поверить в этого Иисуса Христа, Который спасает. Наши дети должны принять Его, обратиться к Нему, прилепиться к Нему и в спасении полагаться только на Него. В конечном счете, благодаря действию Святого Духа наши дети должны стать людьми, которые для своего спасения уповают только на Христа. Наша роль заключается в том, чтобы донести до них Евангелие и призвать их принять Спасителя Христа [24].*

Такое намеренное обращение к сердцу крайне важно и до, и после обращения. Для краткого обзора этой темы я бы предложил четыре базовых принципа, которые помогут направить наши усилия в том, как затронуть сердца наших детей [25].

1. Задавайте вопросы, которые помогут детям понять истинное состояние своего сердца

Например, прочитав такой стих, как Римлянам 3:23: «...потому что все согрешили и лишены славы Божией...» — можно задать подобные вопросы: «Верно ли это и про тебя? Что в твоих собственных мыслях, чувствах, словах и делах подтверждает,

---

[24] Tedd Tripp, "A Child's Call to Conversion: Faith as a Christian Mark," October 1, 2010. https://www.ligonier.org/learn/articles/childs-call-conversion-faith-christian-mark.

[25] В приложении 1 приведены ссылки на материалы, где данная тема рассматривается более подробно и даны практические стратегии для этого второго приоритета в наставничестве.

что это правда? Каковы последствия греха? Можешь ли ты это исправить? Кто единственный может тебе помочь?»

2. Помогайте детям связывать библейские истины с ситуациями из их жизни

Дети и молодежь не сразу видят и понимают, какое отношение истина Божьего Слова имеет к их жизни. Им нужно показать, что Библия актуальна и авторитетна для каждого аспекта жизни. Одна из причин, почему родители незаменимы при наставлении детей, состоит в том, что у них гораздо больше возможностей применять истину в конкретных жизненных ситуациях.

Например, ребенок узнает, что «имя Господа — крепкая башня: убегает в нее праведник — и безопасен» (Прит. 18:10), но не знает, как можно применить это в своей жизни. Родитель может заметить, когда ребенок боится. Теперь можно воспользоваться случаем, чтобы обсудить Притчи 18:10 и помочь ребенку применить это на практике, объяснив, что Бог — как крепкая башня, Он всемогущий и непоколебимый, надежное убежище для всех, кто прибегает к Иисусу. Бог хочет, чтобы мы призывали Его в молитве всякий раз, когда нам страшно.

3. Поощряйте детей активно взаимодействовать с истиной и реагировать на нее

Если рассказать детям истину и получить от них словесное подтверждение, это еще не значит, что они и правда ее поняли, признали или усвоили. Задавая к тексту вопросы определенного типа, можно направить детей к личному отклику.

Например, читая притчу о блудном сыне из 15-й главы Луки, можно задать такие вопросы: «А вы сами бываете похожи на одного из сыновей? Есть ли что-нибудь в этом мире, что для вас большее сокровище, радость и удовольствие, чем Бог? Думаете ли вы, что если вести себя определенным образом — быть внешне хорошим, — то получится угодить Богу?»

4. Помогайте детям увидеть, какие сердечные желания и чувства заповедует Бог

Не спрашивайте, что они «чувствуют» по поводу того или иного текста или библейской истины, а покажите им, какие желания и чувства Бог заповедует им в ответ; например: «...покайтесь и веруйте в Евангелие» (Марк. 1:15); «утешайся Господом...» (Пс. 36:4); «надейся на Господа всем сердцем твоим, и не полагайся на разум твой» (Прит. 3:5); «смиритесь пред Господом...» (Иак. 4:10).

ВЛИЯТЬ НА ВОЛЮ

Давид поет в Псалме 39:9: «...я желаю исполнить волю Твою, Боже мой, и закон Твой у меня в сердце». Павел говорит в Римлянам 2:13: «...потому что не слушатели закона праведны пред Богом, но исполнители закона оправданы будут...» Иаков увещевает в Иакова 1:22: «Будьте же исполнители слова, а не слушатели только, обманывающие самих себя». В Иоанна 14:15 Иисус говорит: «Если любите Меня, соблюдите Мои заповеди». И в 21-м стихе Он говорит: «Кто имеет заповеди Мои и соблюдает их, тот любит Меня...»

Свидетельством истинной спасающей веры служит растущее желание жить в послушании Христу. Хотя это происходит благодаря преобразующему действию Святого Духа, от Своих детей Бог также ожидает реальных усилий: покорности и подчинения своей воли Его совершенной воле. Мы не можем совершить это преображение, происходящее в жизни наших детей по благодати силой Духа. Однако мы можем побудить их молиться и просить Бога изменить их сердца, чтобы они были «...исполнители слова, а не слушатели только...».

Объясняя Слово Божье молодым людям и обсуждая его с ними, надо побуждать их к библейской реакции на услышанную истину. Чтобы развивать в них сердце и волю ученика, необходимо показать им, какого ответа требует от них Слово Божье, и поощрять их сделать шаг веры. Наша роль как родителей и учителей заключается в том, чтобы мы призывали, побуждали и вдохновляли детей следовать за Иисусом, ходить Его путями и каждый день своей жизни «подвизаться добрым подвигом веры».

Вот несколько способов, как можно повлиять на волю, побуждая к подчинению и послушанию Богу:

1. Внушайте им суверенную власть Бога над их жизнью

Дети должны понимать, что Бог — их суверенный Творец. Он сотворил их, и они принадлежат Ему. Мы все должны отвечать перед Ним — как верующие, так и неверующие. Еще до обращения детей надо учить признавать власть и правильно реагировать на нее, начиная с власти родителей. Когда вы учите двухлетнего ребенка слушаться папу и маму, убирая свои игрушки, вы закладываете в нем основание для благочестивого подчинения и послушания, которое, если Господу будет угодно, пригодится ему для истинного благочестия, когда он вырастет.

2. Подчеркивайте авторитет Писания

Все наши мысли, чувства, слова и поступки должны подчиняться Слову Божьему. Например, объясняя такой стих, как Ефесянам 6:1: «Дети, повинуйтесь своим родителям в Господе, ибо сего требует справедливость», — задайте подобные вопросы: «Говорит ли Бог повиноваться только тогда, когда вам этого хочется? Говорит ли Бог повиноваться, только когда это кажется справедливым?» Заостряйте внимание на библейском смысле повелений в Писании.

3. Помогайте им видеть, что Писание касается всех наших слов и поступков

Слишком часто молодые люди не видят и не понимают достаточности и актуальности Писания для повседневных ситуаций.

Например, в Филиппийцам 2:4 сказано: «Не о себе только каждый заботься, но каждый и о других». Как это связано с тем, что одноклассник не справляется с домашним заданием по математике? Или допустим, брат или сестра очень хотят поиграть в одну игру, а вы хотите в другую? Что если бабушке нужна помощь в уборке дома, а вам хочется пойти в парк с друзьями?

4. Показывайте, что подчинение Христу и послушание Его Слову принесет им радость

Давид говорит о Божьих заповедях: «…и раб Твой охраняется ими, в соблюдении их великая награда» (Пс. 18:12). Божьи повеления и наше подчинение им служат не для подавления нашей радости, а для ее усиления.

5. Побуждайте их замечать и использовать помощь, которую дает Бог

Бог даровал Своим детям все необходимое, чтобы помогать расти в уподоблении Христу (2 Пет. 1:3). Это, прежде всего, Божье Слово, сила живущего в нас Святого Духа, и молитва. Но также есть родители, церковь и другие благочестивые верующие, которые готовы помогать детям расти в благочестии.

6. Помогайте им видеть, что подчинение и послушание длятся всю жизнь и основаны на благодати

Признайте, что следование за Иисусом и рост в послушании — это медленное, постоянное движение вперед. Для этого надо ежедневно бороться с грехом в своей жизни, проявлять веру, доверять Иисусу в новых ситуациях и повиноваться конкретным повелениям. Но мы все же будем снова и снова терпеть неудачи. В конечном счете, наше упование — Христос и Его совершенное послушание. Он милостиво дарует прощение, когда мы исповедуем свои грехи и обращаемся к Нему.

Наши усилия по наставничеству должны призывать, побуждать и вдохновлять детей «со страхом и трепетом [совершать] свое спасение», используя данные им знания, уповая на то, что хотя для нас это невозможно, но Бог пробудит в их сердцах желание действовать согласно этим знаниям, «потому что Бог производит в [них] и хотение и действие по Своему благоволению» (Флп. 2:12–13).

И последняя, исключительно важная мысль о наставлении ума, сердца и воли: как родители и учителя мы должны служить примером этих животворных истин. Путь к сердцу ребенка начинается с сердца родителя и учителя. Вспомните порядок наставничества, установленный Моисеем для Израиля во

Второзаконии 6:6–7. Сначала: «...да будут слова сии, которые Я заповедую тебе сегодня, в сердце твоем...» Затем: «...внушай их детям твоим...»

«Учить наших детей истине совершенно необходимо, но этого недостаточно, — пишет Рэнди Алькорн. — Прочное основание жизни состоит в том, чтобы не только слушать слова Божьи, но и исполнять их (Матф. 7:24–27)». Он продолжает:

> *Мы как родители должны своим примером учить наших детей Божьей истине, показывая ее через применение и послушание. Истина, что надо проводить время с Богом, должна быть видна в том, что мы проводим время с Богом. Истину о Христовом прощении надо показывать, когда мы дома просим прощения и прощаем. Истина о том, что благовестие важно, должна подтверждаться нашими усилиями по благовестию. Нам как родителям следует мужественно и самоотверженно показывать пример тех убеждений, о которых мы заявляем. Иначе наши дела будут говорить так громко, что наших слов совсем не будет слышно. Иногда дети не будут нас слушать. Но едва ли они не будут нам подражать [26].*

ИТОГ

Чтобы дети лично познавали, принимали и применяли библейскую истину, необходимо воспитывать их ум, сердце и волю. Для этого мы должны усердно наставлять ум, обеспечивая его необходимыми инструментами и навыками для правильного чтения, изучения, толкования и применения Писания.

Полностью признавая, что только Бог по действию Духа и благодати может дать веру в Иисуса и побудить нас поступать

---

[26] Randy Alcorn, "Training Our Children," August 11, 1992. https://www.epm.org/resources/1992/Aug/11/training-our-children/#ixzz3JTkNY8yu.

как Его верные ученики, мы все же отвечаем за то, чтобы затрагивать сердце — направлять, вдохновлять и поощрять детей к личному и искреннему ответу на Божью истину.

Наконец, истинная спасающая вера будет проявляться в растущем желании жить в послушании Богу. Хотя это зависит от действия Святого Духа, Бог ожидает, что Его дети будут прилагать усилия, ежедневно принимая решение уповать на Христа, подчиняться Ему и послушно следовать за Ним. Поэтому мы направляем, призываем и побуждаем учеников уподобляться Христу в конкретных мыслях, словах и поступках.

Заглядывая вперед: Можно следовать всем названным выше принципам: принять библейское видение, наладить тесное сотрудничество между церковью и семьей, учить всей воле Божьей, проповедовать славное Евангелие Иисуса Христа и воспитывать ум, сердце и волю, — но это не значит, что дети обязательно будут возлагать надежду свою на Бога. Что еще мы можем сделать?

Молиться, полагаясь на суверенную Божью благодать

В 1982 ГОДУ, и еще раз в 1985 году, мы с Салли стояли перед братьями и сестрами во Христе, держа на руках младенца, и давали пять обещаний на специальном служении посвящения. С тех пор почти за три десятилетия я помог сотням родителей в двух церквях дать те же самые обещания. В последнем из пяти обещаний были следующие слова:

> *Обещаете ли вы, с Божьей помощью, постоянно молиться, чтобы по Божьей благодати ваши дети поверили, что только в Иисусе Христе они обретут прощение грехов и исполнение всех Его обещаний, включая вечную жизнь, и с этой верой следовали за Иисусом как Господом и повиновались Его учению?*

Нет ничего, что верующие родители могли бы желать для своего ребенка больше, чем вечной жизни и вечной радости перед лицом Иисуса Христа. Даже если, к сожалению, это не то, чего мы больше всего хотим для своих детей, мы не можем уклониться от данной Богом ответственности, что мы как родители и руководители церкви должны верно воспитывать детей в евангельской надежде.

И мы не можем не замечать, что наши дети могут быть спасены только Божьей благодатью через веру в Иисуса Христа (Еф. 2:8). Отрезвляющий и смиряющий факт состоит в том, что я (как и любой другой родитель) абсолютно не способен дать своим детям то, чего мое сердце больше всего для них желает.

Даже имея ревность по наставничеству следующего поколения, мы совершенно не в состоянии справиться с поставленной перед нами задачей. Наши лучшие старания не имеют силы воскресить детей от духовной смерти к вечной жизни. Мы не можем заменить каменные сердца на плотяные. Мы не можем создать в них желание и волю следовать за Иисусом и ходить Его путями. Мы не можем устранить грех, навеки разделивший их с Богом. Самое библейское видение, самые лучшие стратегии воспитания и самое всестороннее наставление в христианской вере согласно Второзаконию 6:7–9 не гарантируют, что дети будут рождены свыше и что их родители обретут радость видеть, как они ходят в истине (3 Иоан. 4).

Именно поэтому в пятом обещании, которое мы давали, когда стали родителями, было необходимое пояснение: «...с Божьей помощью, постоянно молиться, чтобы по Божьей благодати...»

Вести детей к спасению можно только с Божьей помощью и благодаря преображающей силе Его благодати (см. Лук. 18:27). Самое важное, что я могу сделать, чтобы мои дети имели то, что я для них желаю, — это искать помощи у Бога и молиться, чтобы Его благодать совершила в сердце моего ребенка то, что не в моих силах.

Для любого ребенка спасающая вера — это «…Божий дар: не от дел, чтобы никто [ни родители, ни пастор, ни дедушка, ни бабушка, ни учитель воскресной школы] не хвалился» (Еф. 2:8–9).

Вот почему серьезный подход к наставничеству следующего поколения означает серьезный подход к регулярной, искренней, библейской молитве о вере следующего поколения. Сила Божья в Евангелии Иисуса Христа, Его непреложные замыслы о наших детях и наша постоянная ответственность воспитывать их в вере — все это соединяется в молитве.

Вечером перед Своим распятием Иисус сказал Петру: «…сатана просил, чтобы сеять вас как пшеницу, но Я молился о тебе, чтобы не оскудела вера твоя…» (Лук. 22:31–32). Разве не поразительно? Иисус, Сын Божий, держащий Вселенную словом силы Своей, посчитал необходимым молиться, чтобы вера Петра не оскудела, хотя раньше Он назвал этого самого человека камнем и с абсолютной властью заявил: «…на сем камне Я создам Церковь мою, и врата ада не одолеют ее…» (Матф. 16:18).

МОЛИТЬСЯ ДОМА О СЛЕДУЮЩЕМ ПОКОЛЕНИИ

Решение молиться о следующих поколениях (или о чем-нибудь другом) лучше всего выполнять, выработав постоянную практику или привычку молитвы: личной молитвы, родительской молитвы и семейной молитвы. В семье есть много возможностей и способов молиться за детей. У нас дома я мог молиться над нашими девочками почти каждый вечер перед тем, как они ложились спать.

В один из вечеров весной 1991 года я так молился, и меня охватило глубокое чувство собственной непригодности, когда я задумался о том, чего я больше всего желаю для Эми и Кристи, а также о своих серьезных недостатках как отца. Я завершил ту молитву благословением из Чисел 6:24–26: «Да благословит тебя Господь и сохранит тебя! Да призрит на тебя Господь светлым лицом Своим…»

С тех пор каждый вечер почти без исключений моей отцовской привилегией при завершении дня было возложить правую руку на голову каждой дочери и произнести библейское благословение. В каждый из таких моментов мои дочери видели, как их папа выражал свою зависимость от Бога для исполнения желаний своего сердца и видения для их жизни.

Салли, вероятно, молилась о вере наших детей и внуков больше, чем о чем-нибудь другом. Несколько лет назад она написала брошюру «Молитва о следующем поколении», где объясняет, как молится по текстам Писания, это ее любимый способ молитвы о следующем поколении[27]. Мы никогда не должны недооценивать вечное влияние верной материнской молитвы о вере своих детей.

На протяжении десятилетий меня вдохновлял пример Джорджа Маккласки, жившего более 150 лет назад. Он, как и я, был отцом двух дочерей. Также он понимал, что не может дать своим дочерям то, чего желает для них больше всего. Через некоторое время после того, как родились Бесси и Элли, Джордж твердо решил молиться ежедневно с 11 часов утра до полудня, причем не только за духовное благополучие своих дочерей, но и за их детей и детей их детей. Только Бог знает, сколько плода принесли эти молитвы, но есть существенные основания полагать, что Бог приклонил Свое ухо к верным молитвам Джорджа Маккласки.

Бесси и Элли выросли, уверовали в Иисуса и последовали за Ним как за Господом. У них обоих мужья стали пасторами,

---

[27] Книга «Praying for the Next Generation» доступна на сайте Truth78.org.

и вскоре Джордж уже молился за своих четырех внучек и одного внука. Все четыре внучки вышли замуж за пасторов, а внук стал пастором. Первые два правнука Джорджа были мальчиками. Одним из них был Холланд Лондон, который посвятил 30 лет пасторскому служению в поместных церквях Орегона и Калифорнии, затем еще 20 лет помогал семьям служителей через служение «От пастора к пастору», а после ухода на пенсию еще семь лет служил пастором поместной церкви до своей смерти в 2018 году.

Старший двоюродный брат Лондона, первый правнук Джорджа, не стал пастором. Вместо этого он занялся психологией, начал писать книги для христианских родителей, основал семейное служение и вел ежедневную радиопередачу, которую впоследствии транслировали более 7000 станций по всему миру более чем на десяти языках. Эту передачу ежедневно слушали более 220 миллионов человек в 164 странах, и в 80-е и 90-е годы он стал человеком, который, несомненно, был самым влиятельным и значительным лидером движения за укрепление семьи, охватившего всю Америку.

Польза, которую принесли для Царства этот человек, Джеймс Добсон, и его двоюродный брат, Холланд Лондон, не говоря уже о влиянии их предков и потомков, объясняется тем, что Бог приклонил Свое ухо к молитвам верного отца, жившего пять поколений назад [28].

МОЛИТЬСЯ В ЦЕРКВИ О СЛЕДУЮЩЕМ ПОКОЛЕНИИ

Служение следующему поколению в поместной церкви должно формироваться и развиваться на основании убеждения, что «успех» этого служения больше зависит от «силы, какую дает

---

[28] Подробнее о Джордже Маккласки см.: James Dobson, *Your Legacy: The Greatest Gift* (New York: Faith Books, 2014), 1–6.

Бог» (1 Пет. 4:11), чем от наших собственных усилий. Как мы можем молиться об этом?

Джордж Барна в своем исследовании заметил, что церкви с наиболее эффективным духовным развитием детей особое внимание уделяли молитве. По его мнению, «вклад этих церквей в молитву, возможно, был самым важным направлением их служения»[29]. Он выяснил, что наиболее плодотворные детские служения уделяют особое внимание молитве в пяти областях: учителя молятся за своих учеников, учителя молятся с другими учителями, добровольные помощники молятся за учителей и учеников, общая молитва за детское служение и молитва за служение под руководством родителей.

1. Учителя молятся за своих учеников

Барна также отметил, что наиболее эффективные церкви побуждали своих учителей, сотрудников и служителей церкви регулярно молиться за каждого ученика. Молитва идет рука об руку с верным наставлением из Писания. Чарльз Сперджен подчеркивал эту нужду, обращаясь к учителям:

" *Священное Писание должно стать средством вашего спасения через веру. Познавайте Библию, читайте Библию, исследуйте Библию, и все же это само по себе не спасет вас. Что говорил Сам Господь наш? «Исследуйте Писания, ибо вы думаете чрез них иметь жизнь вечную; а они свидетельствуют о Мне. Но вы не хотите прийти ко Мне, чтобы иметь жизнь» [Иоан. 5:39–40]. Если вы не придете к Иисусу, у вас не будет вечной жизни. Изучение Писания может «…умудрить [вас] во спасение верою во Христа Иисуса»*

---

[29] George Barna, *Transforming Children into Spiritual Champions: Why Children Should Be Your Church's #1 Priority* (Ventura, Calif: Regal Books, 2003), 102.

[2 Тим. 3:15], а без веры — нет. Молитесь, учителя воскресных школ, чтобы увидеть, как эта вера действует в детях, которых вы учите. Каким благословенным основанием для веры станут ваши наставления из Священного Писания, но нельзя принимать их за само здание, которое строится только верой [30].

Для меня всегда было отрадно видеть, как команда собирается перед началом занятия или мероприятия, искренне молясь, чтобы сказанное их устами и сделанное их руками принесло вечный плод в каждом из детей. В обеих церквях, где я служил, добровольные помощники в яслях понимали, что в их обязанности входит следить за тем, чтобы за каждого ребенка помолились хотя бы один раз за время пребывания в яслях. В напоминание об этом на стенах были размещены цитаты из молитв и утверждения о видении. Когда родители забирали своих малышей, им, в том числе, сообщали, что за детей помолились.

Члены команды могут собираться заранее, чтобы молиться за детей и просить о следующем:

- чтобы Святой Дух был здесь, принося дух мира и порядка в наш класс;
- чтобы Бог действовал, даруя детям внимательные уши, умы и сердца;
- чтобы все наши чувства, слова и действия служили тому, чтобы прославлять Бога, назидать детей и указывать им на непревзойденное сокровище Иисуса;
- чтобы Бог защитил нас и детей от ненужных отвлекающих моментов и стрел врага;

---

[30] Charles Spurgeon, "The Sunday School and the Scriptures, No.1866," a sermon delivered at Metropolitan Tabernacle, Newington, England, October 18, 1885. Доступно на сайте: www.spurgeongems.org.

- чтобы Слово Божье четко провозглашалось учителями и было понятно детям;
- чтобы посетители чувствовали, что их любят и принимают;
- чтобы детей с особыми потребностями любили, принимали и помогали им;
- чтобы дети проявляли друг к другу милость, терпение и любовь;
- чтобы евангельские истины принимались с искренней верой;
- чтобы время нашего поклонения было наполнено выражением истинной любви и хвалы;
- чтобы руководителям малых групп была дана мудрость и рассудительность, когда они будут побуждать детей откликнуться на предложенные истины;
- чтобы мы мудро и богоугодно реагировали на непокорность, невнимательность, неуместные глупости и т. д.;
- чтобы родители ощущали помощь и поддержку, а также имели желание и возможность активно обучать своих детей дома;
- чтобы каждый ребенок в нашем классе, по суверенной Божьей благодати, рос и становился взрослым человеком, всецело посвященными Иисусу Христу [31].

2. Добровольные помощники молятся за учителей и учеников

Барна также говорил о важности добровольных помощников, которые молятся за учителей и учеников [32].

---

[31] Jill Nelson, "Starting with Prayer." September 3, 2014. https://www.truth78.org/blog/post/starting-with-prayer.

[32] Barna, 103.

Много лет одно из молодежных служений нашей церкви для каждого ребенка в этой программе находило взрослого, который бы молился за него. Доброволец брал на себя обязательство молиться за ребенка весь год, и часто в результате этого возникали крепкие узы, а регулярная молитва продолжалась много лет [33].

3. Общая молитва за детское служение

Кроме того, Барна отметил, что для церкви важна регулярная общая молитва [34].

В 2018 году я написал небольшую книгу под названием «Большие, бесстрашные, библейские молитвы за следующее поколение». Это пособие, призванное способствовать серьезной молитве за наставничество следующего поколения [35]. Я предлагал эту книгу всем в церкви, кто готов прочитать первые 30 страниц и присоединиться к моим еженедельным большим, бесстрашным, библейским молитвам.

Пасторская молитва за новое поколение во время богослужения также занимает важное место в жизни общины. У меня иногда была возможность проповедовать в церквях, где я служил, и часто была возможность вести общую молитву. Как минимум четыре раза в год мне доводилось молиться при завершении служения посвящения детей. Я заметил, что когда я от имени всей общины молился Богу о детях богоцентричными, насыщенными

---

[33] Еще одна стратегия, на которую стоит обратить внимание, — это «Кампания „Молись за меня"» (Pray for Me Campaign, http://www.prayformecampaign.com), разработанная Тони Соудером, основателем и генеральным директором служения «Сто лет» (One Hundred Years), призванного помочь церквям преуспевать в донесении Божьего величия до следующего поколения.

[34] Barna, 103.

[35] Книга «Big, Bold, Biblical Prayers for the Next Generation» доступна на сайте Truth78.org.

Библией молитвами, люди соглашались и принимали эти желания для своих собственных детей[36]. Долгие годы показали, что это эффективный способ не только вести общину в молитве за следующее поколение, но и прививать церкви совместное видение и надежду в отношении следующих поколений.

4. Молитва за служение под руководством родителей

Последняя область молитвенного служения, указанная Барной, «исходит от родителей». Он написал, что некоторые церкви организуют для родителей молитвенное время и рассылают молитвенные письма, а другие назначают служителей и других помощников, чтобы они молились именно о нуждах родителей и детей[37].

Суть в том, что молитва важна! Важна для нас. Важна для наших детей. Она важна, потому что Богу угодно совершать Свои непреложные замыслы через молитвы Своего народа. Давайте же согласно Библии смело искать прежде всего этих великих и непреложных замыслов о наших детях, и верить, что все остальные мелкие заботы о детях приложатся, ради Божьей славы и их вечной радости.

ИТОГ

Нынешнее поколение родителей, пасторов и учителей не может уклониться от ответственности воспитывать веру следующего поколения, и при этом невозможно не замечать, что дети следующего поколения будут спасены только Божьей

---

[36] Примеры таких молитв есть в конце книги «Big, Bold, Biblical Prayers for the Next Generation», доступной на сайте Truth78.org.
[37] Barna, 104.

благодатьючерезверувИисусаХриста.Длялюбогоребенка спасающая вера — это «…Божийдар:неотдел,чтобыникто [ниродители,нипастор,нидедушка,нибабушка,ниучитель воскресной школы] не хвалился» (Еф. 2:8–9). Божьи непреложные замыслы о наших детях и наша постоянная ответственность воспитывать их в вере соединяются в молитве.

Заглядываявперед:Ради какой конечной цели мы воспитываем следующие поколения?

Вдохновлять на поклонение Богу, ради Его славы

САМЫЙ ВЕРХНИЙ или завершающий здание камень называется замковым камнем. Замковый камень арки — это клиновидный камень на ее вершине, который при строительстве устанавливается последним и удерживает все камни в нужном положении, позволяя арке или своду выдерживать нагрузку. В семинарии я узнал, что в образовании тоже есть свой замковый камень. Там замковый камень — это кульминация академического и интеллектуального опыта.

В конце своей учебы в семинарии я должен был составить «Изложение веры», которое стало бы замковым камнем всего, чему я научился. Опираясь на предыдущие годы обучения, я должен был выразить все свое богословие в одном документе. Составляя это изложение, нужно было еще более сжато сформулировать свой «объединяющий мотив» — одно предложение или высказывание, которое описывает нить, пронизывающую все записанное Божье откровение и скрепляющую как Писание, так и мои богословские убеждения.

Несколько недель изучения, размышления и работы над изложением — и у меня был мотив: «Бог и человек во взаимоотношениях». Далее я объяснял, что совершенные отношения между Богом и человеком были установлены при сотворении мира. Грех пришел в мир, и эти отношения были нарушены. Христос пришел в мир, чтобы восстановить эти отношения и открыть нам дверь, чтобы по вере в Него мы могли наслаждаться совершенными отношениями с Триединым Богом во веки веков.

НОВЫЙ ЗАМКОВЫЙ КАМЕНЬ

Прошло четырнадцать лет, прежде чем я вернулся к этому утверждению, когда готовился к рукоположению. На тот момент многие великие доктрины веры и убеждения, которые я выразил в документе 1979 года, остались неизменными в моем уме и сердце. Впрочем, произошло достаточно много изменений, так что мне пришлось полностью переписать свое изложение веры.

Одним из самых значительных изменений стал мой объединяющий мотив. Двенадцать лет верного проповеднического служения Джона Пайпера изменили мое понимание Бога, Его Слова и Его конечной цели. По моему мнению, был (и остается) только один мотив, который действительно подходит. Для меня все соединяется всего в двух словах: слава Божья.

К 1993 году мои глаза уже открылись благодаря Слову Божьему в проповедях Джона, и я увидел, что все, что Бог делал раньше, делает сейчас и будет делать после, — все это для Его славы и только для Его славы. Писание ясно говорит:

• Бог все сотворил, чтобы творение возвещало Его славу (Пс. 18:2).

- Из-за грехопадения мы «лишены славы Божией» (Рим. 3:23).
- Цель всех действий Бога в прошлом, настоящем и будущем — слава имени Его:
- Он милует Свой народ, так что «…убоятся народы имени Господня, и все цари земные — славы [Его]» (Пс. 101:16).
- Он сохранил фараона от Своей руки, «…чтобы возвещено было имя [Его] по всей земле…» (Исх. 9:16).
- «Ради Себя, ради Себя Самого делаю это, — ибо какое было бы нарекание на имя Мое! Славы Моей не дам иному» (Ис. 48:11).
- Бог откладывал Свой гнев ради имени Своего (Ис. 48:9).
- Бог спасает нас ради имени Своего (Пс. 105:8).
- Иисус пришел ради славы Божьей (Иоан. 17:5).
- Иисус исцелял ради славы Божьей (Иоан. 11:4).
- Иисус молился ради славы Божьей (Иоан.17:24).

Апостол Павел повелел нам все делать ради славы Божьей (1 Кор. 10:31).

И в конце «…земля наполнится познанием славы Господа…» (Авв. 2:14), и «…всякий язык [исповедует], что Господь Иисус Христос в славу Бога Отца» (Флп. 2:11), и «…от восхода солнца до запада велико будет имя Мое между народами… говорит Господь Саваоф» (Мал. 1:11).

КОРНИ РВЕНИЯ

Ревность по наставничеству следующего поколения коренится в Божьей ревности по Своей славе.

Главная причина, чтобы посвятить себя воспитанию подрастающего поколения, — это слава Божья. Именно для этого мы и наши дети были созданы и для этого мы существуем: «…веди сыновей Моих издалека и дочерей Моих от концов земли, каждого кто называется Моим именем, кого Я сотворил для славы Моей, образовал и устроил» (Ис. 43:6–7).

Если наша ревность соответствует Божьей ревности, и если наши усилия согласованы с Божьим замыслом, то целью нашего наставничества будет слава Божья, чтобы о Его величии и Его ценности узнали по всей земле и во всех поколениях.

Царь Давид показывает нам, как это происходит:

> *Велик Господь и достохвален, и величие Его неисследимо. Род роду будет восхвалять дела Твои и возвещать о могуществе Твоем. <...> Будут говорить о могуществе страшных дел Твоих, и я буду возвещать о величии Твоем. Будут провозглашать память великой благости Твоей и воспевать правду Твою. <...> Да славят Тебя, Господи, все дела Твои, и да благословляют Тебя святые Твои; да проповедуют славу царства Твоего, и да повествуют о могуществе Твоем, чтобы дать знать сынам человеческим о могуществе Твоем и о славном величии царства Твоего (Пс. 144:3–4, 6–7, 10–12).*

СТРЕМЛЕНИЕ БОГА ПРОСЛАВЛЯТЬ СВОЕ ИМЯ

Когда Бог отделял для Себя Свой народ, Он открыл Свое желание сделать Себе имя и возвестить его всем народам и всем поколениям. Обратите внимание на конкретные указания, которые Бог давал одному поколению, чтобы будущие поколения узнали Его имя. Он через Моисея сказал Своему народу посвящать Господу каждого первенца, разверзающего утробу, и указал цель: «И когда после спросит тебя сын твой, говоря: „Что это?" — то скажи ему: „Рукою крепкою вывел нас Господь из Египта, из дома рабства..."» (Исх. 13:14).

В Исходе 12:17 Моисей сказал народу удалить квасной хлеб из домов на семь дней, «…ибо в сей самый день Я вывел ополчения ваши из земли Египетской, и наблюдайте день сей в роды ваши, как установление вечное».

Устанавливая субботу, Бог сказал: «…это — знамение между Мною и вами в роды ваши, дабы вы знали, что Я Господь, освящающий вас…» (Исх. 31:13).

Бог учредил праздник кущей, «…чтобы знали роды ваши, что в кущах поселил Я сынов Израилевых, когда вывел их из земли Египетской. Я Господь, Бог ваш» (Лев. 23:43).

Бог повелел израильтянам установить 12 камней на западном берегу Иордана с такой целью:

> *Когда спросят в последующее время сыны ваши отцов своих: «Что значат эти камни?», скажите сынам вашим: «Израиль перешел чрез Иордан сей по суше», ибо Господь Бог ваш иссушил воды Иордана для вас, доколе вы не перешли его, так же, как Господь, Бог ваш, сделал с Чермным морем, которое иссушил Господь, Бог ваш, перед нами, доколе мы не перешли его, дабы все народы земли познали, что рука Господня сильна, и дабы вы боялись Господа, Бога вашего, во все дни (И. Нав. 4:21–24).*

НЕ СКРЫВАЯ СЛАВЫ БОЖЬЕЙ

Когда видишь ревность Бога по Своей славе и Его стремление, чтобы Его славу возвещали из поколения в поколение, то от этого разгорается ревность по наставничеству следующего поколения. Именно поэтому дано повеление, чтобы отцы возвещали своим детям «…славу Господа, и силу Его, и чудеса Его…» (Пс. 77:4). И также поэтому подразумевается предостережение, чтобы от грядущих поколений не скрывали эту славу:

" *...не скроем от детей их, возвещая роду грядущему славу Господа, и силу Его, и чудеса Его, которые Он сотворил.*

Неделя за неделей, пока мои глаза открывались благодаря проповедям Джона Пайпера о ревности Бога по Своей славе и потому, чтобы ее возвещали грядущим поколениям, я стал все больше замечать, что на самом деле мы невольно скрываем славу Божью от наших детей и тем самым лишаем Его славы, которой Он достоин.

Мы упускали два очевидных вывода из Псалма 77:4. Во-первых, дела, о которых мы должны рассказывать, — это дела Господа, но мы рассказывали о них так, что казалось, словно их совершил кто-то другой: «Есфирь спасла свой народ», «Иисус Навин взял Иерихон», «Петр исцелил хромого», «Иосиф истолковал сон фараона» и т. д.

Второй очевидный вывод заключался в том, что если эти дела Господа являют Его славу, то именно славу Господа и следует возвеличивать, рассказывая эти истории. А если возвеличивается слава Господа, то ответом слушающих должно быть поклонение.

Пока неделя за неделей слава Божья возвеличивалась в поклонении через то, что Джон Пайпер называет «экспозиционным ликованием»[38], все больше возрастал разрыв между моим опытом на совместном богослужении и опытом наших детей и молодежи в воскресной школе. Мы слушали, как достославный Бог исполнил Свои обещания, воздвигнув Моисея для руководства Своим народом, а наших детей призывали быть хорошими помощниками, как Мариам, которая помогала маме, присматривая за своим маленьким братом Моисеем, оставленным на берегу Нила.

---

[38] Пайпер Д. Экспозиционное ликование: проповедь как акт поклонения. Здолбунов: Левит, 2021.

Наши сердца наполнялись поклонением, поскольку «Бог, сотворивший мир и все, что в нем… не требует служения рук человеческих, как бы имеющий в чем-либо нужду, Сам дая всему жизнь и дыхание и все» (Деян. 17:24–25), а наших детей учили, что Иисус призвал Своих учеников, потому что Ему нужны были помощники, и они тоже могут быть Его помощниками.

Мы поклонялись Иисусу как Тому, Кто могущественно умножает рыбу и хлеб, утоляя нужды и голод каждого сердца, а наши дети слушали, как 5000 человек смогли насытиться, потому что один мальчик отдал свою рыбу и хлеб, и постигали, как важно делиться.

Есть несколько способов, как можно невольно скрывать славу Божью от наших детей. Мы можем сместить внимание и славу с Бога на одного или нескольких библейских персонажей. Мы можем вместо главной истины истории выделить несущественную, часто нравоучительную идею. И мы можем учить тому, что истинно, но делать акцент не там, где нужно. Возьмем, к примеру, эти три верных утверждения:

- Бог любит меня.
- Бог заботится обо мне.
- Бог слышит меня, когда я молюсь.

Все три утверждения абсолютно верны, но если мы в них больше выделяем себя, а не Бога, мы сообщаем ложную идею и умаляем Божью славу. Искренне желая помочь детям не унывать и ощущать себя ценными для Бога, мы можем сказать: «Бог любит тебя, заботится о тебе и слышит тебя, когда ты молишься, потому что ты такой особенный». Они могут уйти, чувствуя себя особенными, но при этом у них будет ложное представление о себе и о Боге.

Давайте посмотрим, как можно иначе донести истину этих трех утверждений:

- Бог настолько любящий и милостивый, что Он любит таких недостойных грешников, как мы с вами.
- Бог знает все, и поэтому Он точно знает, что нам нужно. Бог все может, и поэтому Он может дать нам все, в чем мы нуждаемся. Бог верен Своим детям, поэтому Он заботится о них и обеспечивает всем необходимым.
- Бог постоянно наблюдает за миром и действует в нем, поэтому от Его внимания ничто не ускользает. Поскольку Бог внимателен к Своим детям, Он слышит их, когда они молятся.

Слыша это, дети по-прежнему будут чувствовать ободрение от Божьей любви, знания и внимания, но, что еще важнее, это будет побуждать их восхищаться Божьей славой и приступать к Нему в смирении, имея верное представление о всемогущем Боге, которому они призваны поклоняться.

В одной популярной детской Библии история о Седрахе, Мисахе и Авденаго заканчивается словами: «Помните, дети, Бог создал вас особенными, и Он вас очень любит».

Благонамеренный автор этой истории переключил внимание детей с Бога на самих себя. Бог спас Седраха, Мисаха и Авденаго не потому, что они были особенными. Бог спас Седраха, Мисаха и Авденаго, чтобы показать, что всемогущий суверенный Бог всей Вселенной разрушает злые планы человека. Этот Бог больше, чем золотой истукан, которому эти благочестивые юноши отказались поклониться. Этот Бог — Господь всех, и да не будет других богов пред лицом Его. Эти три человека были особенными, потому что принадлежали Богу, а Он всегда верен Своим детям. Он великий Бог — Бог «…щедрый и благосердный, долготерпеливый и многомилостивый и истинный…» (Пс. 85:15).

ПРОВОЗГЛАШЕНИЕ СЛАВНЫХ ДЕЛ БОЖЬИХ ВЕДЕТ К ПОКЛОНЕНИЮ

Когда мы превозносим Божью славу, возвещая о Его славных делах, это и есть то, что Бог предназначил, чтобы поддерживать огонь поклонения. У меня не возникает никакого желания петь, когда мне говорят, какими особенными были Седрах, Мисах и Авденаго. Но когда мне показывают Бога, Который властвует над силами природы и побеждает силы зла, чтобы осуществить Свои непреложные замыслы ради Своей славы и радости Своего народа, «тогда поет мой дух» в похвалу славы и благодати Божьей.

В детстве моей любимой песней в воскресной школе была песня «Маленький мальчик Давид» (по очевидной причине). Слова этой песни передают основной сюжет, но не упоминают настоящего героя. Песня начинается так:

> *Маленький мальчик Давид, маленькая праща,*
> *Маленький мальчик Давид, молился он всегда,*
> *Маленький мальчик Давид, журчащий ручей течет,*
> *Маленький мальчик Давид, он пять камней берет…* [39]

Дальше в песне поется, что праща мальчика с камнем «пошла кругом, кругом», а потом камень попал в цель, «и Голиаф сражен». Ребенку может нравиться эта песня, и он будет петь ее с удовольствием, как я когда-то, но те, кто заботился о моей

---

[39] Arthur Arnott, "Only a Boy Named David" (Brentwood, Tenn: Lillenas Publishing Company, 1931).

вере, не сознавали, как эта безобидная песня превозносила «мальчика Давида» и помогала мне не замечать славу Бога, на Которого уповал Давид.

Интересно, как бы откликнулось мое сердце, если бы я услышал эту историю в таком виде:

> *Голиафа боялось все израильское войско.*
> *Но Богу не нужно большое войско, чтобы победить Голиафа.*
> *Бог все может.*
> *И чтобы показать Израилю, что Он все может,*
> *Бог использовал мальчика с пращей и камнем,*
> *чтобы убить великана.*
> *Бог послал Давида навстречу великану.*
>
> *Давид раскрутил пращу кругом, кругом,*
> *и Бог дал Давиду точно прицелиться,*
> *и Бог направил камень точно в голову Голиафа.*
> *Камень Божий сразил великана Голиафа.*
> *Для Бога нет ничего трудного!*
> *Бог всегда побеждает Своих врагов!*

Я не так хорошо помню, какими были мои ум и сердце в семь лет, чтобы уверенно сказать, как бы я отреагировал. Однако я уже почти тридцать лет вижу, что если возвещать дивные Божьи дела, превознося Божью славу, то это вдохновляет детей поклоняться Богу ради Его славы и радоваться в Нем.

В яркой проповеди под названием «Род роду будет восхвалять дела Твои» по Псалму 144:4 Джон Пайпер сказал:

> *Восхвалять — значит ликовать о Боге. Обучение следующего поколения должно быть нацелено не просто на обучение, но*

в нем должно быть и ликование. Если учителя и родители, уча детей, сами не ликуют о Боге, они не смогут привить им ликование о Боге. Сухое, бесстрастное, равнодушное наставление о Боге — будь то дома или в церкви — это, в лучшем случае, полуправда. Оно говорит о Боге одно, а показывает другое. Это непоследовательно. Оно говорит, что Бог велик, но говорит это так, словно Бог не велик [40].

Надежда и видение этого седьмого принципа в том, что наши дети будут славить Бога, отдавая Ему свою величайшую любовь, честь, верность, доверие, послушание, хвалу и поклонение. Это единственное, что может привести их к вседостаточной и нескончаемой радости.

ИТОГ

Если наша ревность соответствует Божьей ревности, и если наши усилия согласованы с Божьим замыслом, то целью нашего наставничества будет слава Божья, чтобы о Его величии и Его ценности узнали по всей земле и во всех поколениях. Когда мы должным образом превозносим Божью славу, возвещая о Его славных делах, естественным откликом сердца будет поклонение. Если возвещать дивные Божьи дела, подчеркивая Божью славу, то это вдохновляет детей поклоняться Богу ради Его славы и радоваться в Нем.

Заглядывая вперед: А что если мы утратим ревность по этим принципам наставничества?

---

[40] John Piper, "One Generation Shall Praise Your Works to Another: Education for Exultation in the Next Generation," sermon delivered at Bethlehem Baptist Church, Minneapolis, Minn., March 19, 2000. Полный текст этой проповеди приведен в приложении 4.

Не унывайте

Посему, имея по милости Божией такое служение, мы не унываем…
(2 Кор. 4:1).

МЫ ПЕРЕХОДИМ к последней главе книги, призванной пробудить ревность по наставничеству следующего поколения, и я могу сказать, что лично знаю, как быстро эта ревность может испариться. Для меня одним из самых тяжелых искушений в служении было искушение унывать.

Разные обстоятельства и происшествия могут искушать нас унывать в наставничестве следующего поколения. Мы можем потерять ревность:

- когда служение в церкви или служение как родителей идет не так, как мы ожидали;
- когда прогресс идет медленно, с препятствиями или отсутствует;
- когда препятствия кажутся чрезмерными или непреодолимыми;
- когда плод наших стараний кажется незначительным или бесполезным;

- когда слишком много проблем, слишком много помех, слишком много трудностей и слишком много того, что отнимает время;
- когда были приняты неправильные решения, которые затрудняют и подрывают то, чего мы добиваемся;
- когда слишком много критики, слишком мало сотрудничества, слишком много сопротивления, слишком мало благодарности, слишком много жалоб, слишком мало поощрений, слишком много работы и слишком мало поддержки;
- когда мотивы и поступки вызывают подозрения, а слова понимают неправильно;
- когда мы чувствуем, что бессильны сделать изменения, которые необходимы.

Этот список можно продолжать, искушений унывать предостаточно!

Если у кого и были причины унывать, так это у апостола Павла, ведь он сталкивался с враждой, противлением, огромным количеством проблем и всевозможных забот в основанных им церквях, не говоря уже об угрозах его жизни и тяжелых физических страданиях. Он также был крайне огорчен тем, что Евангелие в той культуре было «…закрыто для погибающих, для неверующих, у которых бог века сего ослепил умы…» (2 Кор. 4:3–4). При всем этом Павел решил не унывать, потому что для него унывать означало лишиться мужества и желания идти дальше. Это означало сдаться.

На ринге боксер может показать, что сдается, бросив полотенце на середину ринга. Бросить полотенце — значит сдаться, это сигнал о конце поединка. Уныние подобно такому брошенному полотенцу. Это значит прекратить поединок до финального гонга или сойти с дистанции, не добежав до финишной черты. Это значит бросить проект, не выполнив задание. Стоит поддаться унынию, и вся ревность исчезнет.

Возможно, нам легко согласиться, что мы не должны унывать, но еще важнее понять, на чем основана наша настойчивость. Павел продолжал ревностно заниматься служением, зная, что это служение дано ему «по милости Божией». Он знал, что не заслуживает этого дара — быть Божьим служителем, которому вверено Евангелие и привилегия возвещать его другим. Та же милость дарована всем верующим, благодаря чему мы теперь Божьи посланники, и у нас есть служение возвещать эту славную весть о примирении через Иисуса Христа, чтобы и другие были просвещены «познанием славы Божией» (2 Кор. 4:6). Мы можем сказать вместе с Павлом: «Посему, имея по милости Божией такое служение, мы не унываем». Нам нельзя бросать полотенце.

Бог да сохранит всех нас от уныния в служении Евангелия, которое мы получили по милости Божьей. Сама эта мысль должна повергать нас в трепет. Мы не можем унывать в том, как мы отражаем свет познания славы Божьей. Нам нельзя унывать в том, как мы являем преизбыточную силу Христа, будь то миру или же тем, кто преображается от славы в славу. Бросить полотенце в служении Евангелия — значит тщетно веровать. Павел увещевал:

" *Напоминаю вам, братия, Евангелие, которое я благовествовал вам, которое вы и приняли, в котором и утвердились, которым и спасаетесь, если преподанное удерживаете так, как я благовествовал вам, если только не тщетно уверовали (1 Кор. 15:1–2).*

Веру отличает то, что ее ревностно хранят.

Павлу было ясно поручено быть «…проповедником и апостолом… учителем язычников в вере и истине» (1 Тим. 2:7).

В этой книге я постарался доказать, что у нас как родителей, учителей и служителей церкви также есть данное Богом призвание — заниматься наставничеством подрастающего поколения, исполняя свою роль. Рассмотренные семь принципов наставничества определяют видение и основные положения этого служения и той ответственности, которую мы имеем по милости Божьей. Как же нам не пополнить ряды тех, кто поддался унынию и потерял ревность по наставничеству следующего поколения?

Закрепляя богоцентричное видение для своего служения (принцип 1), мы признаем, что ревность по наставничеству следующего поколения коренится не в том, кто мы такие, а в том, кто такой Бог. Много раз в 2-м Послании к коринфянам Павел показывает, что именно так он оценивал себя и служение, которое он получил по милости Божьей. Ниже приведены еще несколько истин из этого послания, которые Бог использовал, чтобы поддержать мое рвение и сохранить от уныния. Пусть они укрепят и вас:

- Это не обычная работа. Я не просто наемник. Служение дано мне от Бога, и я служу пред Богом.

Ибо мы не повреждаем слова Божия, как многие, но проповедуем искренно, как от Бога, пред Богом, во Христе (2 Кор. 2:17).

- Главное не в том, на что я способен; главное в достаточности Бога, дающего мне способность.

…Способность наша от Бога. Он дал нам способность быть служителями нового завета… (3:5–6).

- Я только посыльный, доставляющий истину. Покрывало снимает Христос, а не я. Это на Его славу они взирают, не на мою. «Дух Бога живого» пишет на скрижалях их сердца, а не я.

❞ *...Вы показываете собою, что вы — письмо Христово, через служение наше написанное не чернилами, но Духом Бога живого, не на скрижалях каменных, но на плотяных скрижалях сердца (3:3).*

- Я лишь зеркало, в котором отражается Его сияние.

❞ *...Бог, повелевший из тьмы воссиять свету, озарил наши сердца, дабы просветить нас познанием славы Божией в лице Иисуса Христа (4:6).*

- Я просто «глиняный сосуд», задуманный Богом, Который решил поместить Свое сокровище в немощного, непрочного, нуждающегося человека,

❞ *...чтобы преизбыточная сила была приписываема Богу, а не нам (4:7).*

Сравнение с глиняными сосудами напоминает нам, что все наши слабости, ограничения и недостатки входят в конечную цель Бога прославлять Себя в наших усилиях и показывать, как Его сила действует в нашем рвении.

❞ *Мы [глиняные сосуды, поэтому мы] отовсюду притесняемы, но [благодаря преизбыточной силе Бога] не стеснены... (4:8).*

> *...Мы [глиняные сосуды, поэтому мы] в отчаянных обстоятельствах, но [благодаря преизбыточной силе Бога] не отчаиваемся...* *(4:8).*

> *...Мы [глиняные сосуды, поэтому мы] гонимы, но [благодаря преизбыточной силе Бога] не оставлены... (4:9).*

> *...Мы [глиняные сосуды, поэтому мы] низлагаемы, но [благодаря преизбыточной силе Бога] не погибаем (4:9).*

> *[Мы глиняные сосуды, поэтому мы] всегда носим в теле мертвость Господа Иисуса, чтобы [благодаря преизбыточной силе Бога] и жизнь Иисусова открылась в теле нашем (4:10).*

Глиняный сосуд Павла получил как минимум 195 ударов бичом. Три раза его били палками. Однажды его побили камнями. Он три раза терпел кораблекрушение. Он ночь и день пробыл во глубине морской. Он был в опасностях на реках, в опасностях от разбойников, в опасностях от иудеев, в опасностях от язычников, в опасностях в городе, в опасностях в пустыне, в опасностях на море, в опасностях между лжебратиями. Он был в труде и в изнурении, часто в бдении, в голоде и жажде, часто в посте, на стуже и в наготе. Кроме всего этого у него ежедневно было стечение людей, забота о всех церквах (11:24–28). И при этом его ответ поражает:

> *Если должно мне хвалиться, то буду хвалиться немощью моею (11:30).*

А еще Павлу было дано «жало», и это был, как он говорит, «ангел сатаны», чтобы удручать его глиняный сосуд. Павел «трижды молил... Господа» удалить его, но вместо этого Господь напомнил Павлу об источнике его выносливости и защиты от уныния:

> *Но Господь сказал мне: «Довольно для тебя благодати Моей, ибо сила Моя совершается в немощи» (12:9).*

Поэтому Павел охотно хвалится немощами своего глиняного сосуда,

> *...чтобы обитала во мне сила Христова. Посему я благодушествую в немощах, в обидах, в нуждах, в гонениях, в притеснениях за Христа, ибо, когда я немощен, тогда силен (12:9–10).*

Так что мы можем сказать:

> *Посему, имея по милости Божией такое служение, мы не унываем.*

Когда Иисус и Его ученики направлялись в Иерусалим, Он знал, что приближается Его смерть. Один из способов, как Он готовил их к Своему уходу, был рассказ, который, как говорит Лука, должен был напомнить им, «...что должно всегда молиться и не унывать...» (Лук. 18:1). Это была знакомая история о настойчивой вдове, которая продолжала просить неправедного судью. Можно сказать, что эта женщина была поистине «ревностной» в своей просьбе. Рассказав историю, Иисус сделал вывод:

> *Слышите, что говорит судья неправедный? Бог ли не защитит избранных Своих, вопиющих к Нему день и ночь, хотя и медлит защищать их? Сказываю вам, что подаст им защиту вскоре (Лук. 18:6–8а).*

Будь ревностен

Его вывод ясен. Эта женщина добилась успеха, взывая к нечестивому, несправедливому, безбожному судье. Насколько большемыбудемуспешны, взываякнашемуправедномуОтцу небесному?

- Для судьи эта женщина была чужой, а мы возлюбленные дети Божьи. Она была одна; а мы среди многих, кто приступает к престолу вместе, с единой мольбой.
- За нее некому было просить кроме нее самой, а у нас есть Ходатай, взывающий к Своему Отцу за нас.
- Ее не замечали и избегали, в то время как нас приглашают приходить в присутствие Господа. Ее доступ был ограничен; мы же можем прийти в любой момент, днем или ночью.
- Ее никто не поощрял в этой просьбе о помощи, и у нее было мало надежды получить ее. Нам сказано приходить и просить с уверенностью, что мы получим просимое. Ее настойчивость раздражала судью, в то время как наша настойчивость угодна Господу.

Еслиуэтойженщиныхватало рвения обращаться к неправедному судье, то насколько более ревностными должны быть мы, обращаясь за помощью к нашему праведному Отцу?

> *Посему, имея по милости Божией такое служение [наставление следующего поколения], мы не унываем…*

Радиэтогостоитпереноситьлюбыетрудности, претерпевать любые страдания и преодолевать любое противление. «Ибо кратковременное легкое страдание наше производит [мы надеемся, и для наших детей] в безмерном преизбытке вечную славу…» (2 Кор. 4:17). В те дни, когда нам кажется, что мы «предаемся на смерть ради Иисуса», мы можем радоваться, что «и жизнь Иисусова [открывается] в смертной плоти нашей», производя в нас и в следующем поколении плод, ценность которого намного превышает то, что мы можем видеть (2 Кор. 4:10–11).

Пусть же эта истина укрепит наши сердца и даст силы упорно продолжать это служение, которое мы имеем по милости Божьей. Бог да сохранит от уныния всех нас: родителей, бабушек и дедушек, учителей, пасторов и всех остальных, кто заботится о вере следующих поколений.

Имея непоколебимую надежду на все то, каков Бог, и на все то, что Он обещал, будем пламенеть духом и силой, какую дает Бог, твердо решив:

- Принять библейское видение для веры следующего поколения.
- Развивать тесное сотрудничество между церковью и семьей.
- Учить широте и глубине всей воли Божьей.
- Проповедовать славное Евангелие Иисуса Христа.
- Воспитывать ум, сердце и волю.
- Молиться, полагаясь на суверенную Божью благодать.
- Вдохновлять на поклонение Богу, ради Его славы.

Делайте все это ревностно! Делайте все это ради незыблемой надежды и вечной радости следующих поколений.

" *А Тому, Кто действующею в нас силою может сделать несравненно больше всего, чего мы просим, или о чем помышляем, Тому слава в Церкви во Христе Иисусе во все роды, от века до века. Аминь (Еф. 3:20–21).*

* * *

Будете ли вы ревностны по наставничеству
следующих поколений?

Станут ли эти семь принципов вашими?

Будете ли вы применять их в своем наставничестве
как родитель, бабушка или дедушка, учитель,
пастор или в любой другой роли, которую Бог
отвел вам в работе с новым поколением?

ЗАЙДИТЕ НА САЙТ TRUTH78.ORG/ZEALOUS,
ГДЕ МОЖНО НАЙТИ ПОДДЕРЖКУ
И ОБОДРЕНИЕ, ЧТОБЫ ВОЗРАСТАТЬ
В РВЕНИИ И ПРИМЕНЯТЬ ЭТИ ПРИНЦИПЫ
РАДИ РАДОСТИ СЛЕДУЮЩИХ ПОКОЛЕНИЙ.

Благодарности

НА ОБЛОЖКЕ этой книги должно быть не только мое имя.

Если бы не благодать Бога, Который любит возвеличивать Свою силу в нашей немощи и делать намного больше всего, чего мы просим или о чем помышляем, этой книги не было бы.

Эта Божья благодать ясно отразилась в моей жене. Ревность Салли по наставничеству следующего поколения оказалась для меня заразительной. Более того, она повлияла на видение и убеждения, которые с годами сформировали эти семь принципов и определили нашу философию воспитания детей, а также детского и молодежного служения. Многие понятия и идеи в этой книге берут свое начало из материалов, разработанных Салли для различных семинаров, занятий и конференций, которые мы проводили в течение последних трех десятилетий. У нее не только глубокие библейские познания, но еще она одаренный учитель, умеющий наладить общение с детьми. Благодаря этому она стала для меня бесценным и незаменимым партнером в воспитании детей и в служении родителям, детям и молодежи.

С одной стороны, Джон Пайпер не имеет никакого отношения к этой книге, а с другой стороны, он имеет к ней самое непосредственное отношение. Невозможно переоценить влияние радикально богоцентричного служения проповеди и учения Джона, которое Бог использовал, чтобы появилась эта книга и служение «Truth78». Его насыщенное Библией рвение по

Богу и истине о Нем зажгло и поддерживало в нас с Салли и наших сотрудниках по служению «Truth78» ревность по наставничеству следующего поколения.

Наше внимание к слову «ревностный» и этим семи принципам родилось на выездной встрече для молитвы и планирования, за которой последовали несколько недель обсуждения, работы над формулировками и расстановки приоритетов осенью 2019 года. Я благодарю Бога за Брайана Итона, Стива Уоттерса, Дэна Дюма, Джилл Нельсон, Гэри Брюэра и Салли Майкл, которые приложили много сил, чтобы составить краткое, но всестороннее изложение убеждений и задач, определяющих служение «Truth78». Данная книга содержит плод этих обсуждений, а также совокупные познания и мудрость этих верных соработников в служении.

Этот проект поддерживали преданные и необыкновенно одаренные сотрудники служения «Truth78», члены правления и партнеры по служению, которые вместе с нами стремятся следовать этому видению. Они верно молились, уделяли время и средства для поддержки этого проекта. Все вместе мы искренне желаем служить Церкви и распространять библейское видение для наставничества и вечной радости следующего поколения. Я буду вечно благодарен Богу за этих драгоценных соработников в служении.

Да будет Богу слава в Церкви и во Христе Иисусе во все роды!

Материалы в поддержку принципов наставничества

Следующие ресурсы и учебные пособия, связанные с принципами наставничества, предоставлены или рекомендованы служением «Truth78». Обучение доступно по адресу Truth78.org/training, а материалы — по адресу Truth78.org/products[41].

УЧИТЬ ШИРОТЕ И ГЛУБИНЕ ВСЕЙ ВОЛИ БОЖЬЕЙ

- Божественная азбука: учебная программа для детей о величии и ценности Бога, 6–8 лет (https://www.truth78.org/russian-the-abcs-of-god).
- Верен Своим обещаниям: программа для детей об обетованиях Божьих, 8–10 лет (https://www.truth78.org/russian-faithful-to-all-his-promises)

---

[41] Ресурсы и пособия на сайте представлены в основном на английском языке. Некоторые из них переведены на русский язык и доступны по адресу **Truth78.org/russian**. Ниже перечислены только пособия на русском языке. — *Примеч. пер.*

ПРОПОВЕДОВАТЬ СЛАВНОЕ ЕВАНГЕЛИЕ ИИСУСА ХРИСТА

- Мир созданный, падший, искупленный и восстановленный (https://www.truth78.org/russian-world-created)

ВОСПИТЫВАТЬ УМ, СЕРДЦЕ И ВОЛЮ

Рекомендованные материалы для родителей

- Приоло Л. Внушай их детям твоим: Как использовать Писание в наставлении детей. Саратов: Евангелие и жизнь, 2017.
- Трипп Т. Как быть пастырем своего ребенка. СПб.: Библия для всех, 2005.

Видение для следующих поколений

ЦЕРКОВЬ «КОЛЛЕДЖ ПАРК».
ИНДИАНАПОЛИС, ИНДИАНА.
4 МАЯ 2015 г.

ОБЗОР ВИДЕНИЯ

Следующее поколение искренне следует за Иисусом.

ИЗЛОЖЕНИЕ ВИДЕНИЯ

Зажечь в следующих поколениях в церкви «Колледж парк» стремление ревностно следовать за Иисусом, чтобы стать богоцентричными, превозносящими Христа, зависящими от Духа, насыщенными Библией, утвержденными в учении, исполненными веры, миссионерски настроенными, духовно зрелыми людьми Божьими.

БОГОЦЕНТРИЧНЫЕ

" *Итак, едите ли, пьете ли или иное что делаете, все делайте в славу Божию (1 Кор. 10:31).*

Наша цель в том, чтобы следующее поколение признавало превосходство Бога и принимало Его конечную цель прославлять Себя во всем; и чтобы эта цель проявлялась в их жизни, когда они будут жаждать Его, бояться Его, наслаждаться Им, повиноваться Ему, доверять Ему, восхищаться Им, быть полностью удовлетворенными в Нем более всего и возвещать Его славу из поколения в поколение.

Мы молимся:

- чтобы наши дети читали Библию с богоцентричным взглядом во славу имени Его;
- чтобы внимание наших детей было привлечено к Богу;
- чтобы следующее поколение поклонялось Богу, восхищалось Им и превозносило Его великолепие и величие во веки веков;
- чтобы они придерживались богоцентричного видения о своей жизни (Рим. 11:36);
- чтобы они боялись Бога и радовались всем Его путям (Втор. 10:12);
- чтобы главенство Бога было постоянным мотивом во всем, что мы делаем для следующих поколений;
- чтобы вместе со всем творением наши дети возвещали славу Божью и чтили имя Его вовеки (Ис. 43:7).

ПРЕВОЗНОСЯЩИЕ ХРИСТА

Посему и Бог превознес Его и дал Ему имя выше всякого имени, дабы пред именем Иисуса преклонилось всякое колено небесных, земных и преисподних и всякий язык исповедал, что Господь Иисус Христос в славу Бога Отца (Флп. 2:9–11).

Наша цель в том, чтобы слова, мысли, решения и дела наших детей совершались во имя Христа, Его силой и по Его благодати, чтобы Христос во всем имел первенство (Кол. 1:18) и прославлялся в них, и они в Нем, и был их самым ценным сокровищем (Рим. 11:36; Кол. 3:17; 2 Фес. 1:11–12).

Мы молимся:

- чтобы у следующих поколений была глубокая и неизменная любовь ко Христу (Иоан. 15:4–6);
- чтобы Иисус Христос был их Господом, их Спасителем, их Царем и их величайшим сокровищем;
- чтобы следующее поколение вкусило и увидело славу Господа нашего Иисуса Христа, приносящую полное удовлетворение;
- чтобы Христос был для наших детей непрестанной и высшей целью всех действий, мыслей и чувств;
- чтобы в свое время наши дети предстали перед престолом и перед Агнцем, и услышали Его слова: «Хорошо, добрый и верный раб! В малом ты был верен, над многим тебя поставлю; войди в радость господина твоего» (Матф. 25:23).

ЗАВИСЯЩИЕ ОТ ДУХА

" *…И был я у вас в немощи и в страхе и в великом трепете. И слово мое и проповедь моя не в убедительных словах человеческой мудрости, но в явлении духа и силы, чтобы вера ваша утверждалась не на мудрости человеческой, но на силе Божией (1 Кор. 2:3–5).*

Наша цель в том, чтобы наши дети научились полагаться на Святого Духа, обретая силу в немощи, дерзновение в свидетельстве, надежду в скорбях и способность жить жизнью, основанной на любви, радости, мире, терпении, благости, милосердии, верности, кротости, воздержании (Гал. 5:22–23); и могли постигнуть со всеми святыми, что широта и долгота, и глубина и высота, и уразуметь превосходящую разумение любовь Христову, дабы им исполниться всею полнотою Божиею (Еф. 3:18–19).

Мы молимся:

- чтобы наши дети могли использовать свою энергию, творческие способности и дары ради Евангелия и радости грядущих поколений;
- чтобы наши дети не поддавались «духу мира сего» (1 Кор. 2:12);
- чтобы их мысли, поведение и характер были благоуханием Христовым (2 Кор. 2:15);
- чтобы у них был ум, помышляющий о том, что истинно, честно, справедливо, чисто, любезно, достославно, что добродетель и похвала (Флп. 4:8).

НАСЫЩЕННЫЕ БИБЛИЕЙ

Блажен муж, который не ходит на совет нечестивых и не стоит на пути грешных и не сидит в собрании развратителей, но в законе Господа воля его, и о законе Его размышляет он день и ночь! (Пс. 1:1–2)

Наша цель в том, чтобы следующее поколение с радостью погружалось в Библию, изучая и заучивая ее, размышляя над Писанием, которое может умудрить их во спасение верою во Христа Иисуса (2 Тим. 3:15), и чтобы Слово формировало их представление о Боге, о себе и об окружающем мире и влияло на все сферы их жизни, в том числе на разговоры, молитвы, мысли, привязанности, советы, решения, взгляды, мнения и приоритеты.

Мы убеждены:

- что именно через данное в Библии откровение наши дети могут узнать, кто такой Бог, что Он сделал, каковы Его благие цели, как Он спасает Свой народ от греха и как мы должны правильно реагировать на это (2 Тим. 3:16–17; Иоан. 20:31);
- что мы должны учить детей правильно читать и понимать Библию, поощряя их к вдумчивому рассмотрению и тщательному толкованию библейских отрывков.

Мы молимся, чтобы наши дети:

- владели сокровищницей заученных стихов из Библии;
- имели непоколебимую уверенность в неизменном Божьем Слове;
- правильно обращались со Словом истины (2 Тим. 2:15);
- были утверждены в Божьем Слове;
- имели речь, приправленную Словом Божьим, исходящим из сокровищницы заученных текстов Писания;
- принимали Библию как сокровище, которым она и является;

- «из детства» знали Библию и из нее знали Бога Библии (2 Тим. 3:15);
- были насыщенными Библией людьми, которые ищут ответы на жизненные вопросы в этой книге жизни;
- были насыщенными Библией людьми, у которых всегда есть наставник, утешитель и толкователь.

Наше видение:

- воспитывать, начиная с яслей, новое поколение насыщенных Библией людей Божьих, которые будут ревностно следовать за Господом нашим Иисусом Христом;
- сотрудничать с родителями в преподавании Слова Божьего, чтобы наши дети знали его и ревностно следовали за Господом нашим Иисусом Христом;
- знакомить наших детей с Писанием настолько полно, насколько они могут усвоить, а не утомлять их поверхностным изложением разбавленной истины;
- увидеть человека преклонного возраста, который после инсульта не может говорить и двигаться, но с радостью держится за знакомый с детства стих: «Кто мне на небе? И с Тобою ничего не хочу на земле. Изнемогает плоть моя и сердце мое: Бог твердыня сердца моего и часть моя вовек» (Пс. 72:25–26).

УТВЕРЖДЕННЫЕ В УЧЕНИИ

Ты же говори то, что сообразно со здравым учением…
(Тит. 2:1).

Наша цель в том, чтобы следующее поколение научилось видеть, понимать и принимать всю волю Божью, а также славу Его атрибутов, сияние Его величия, совершенство Его путей и красоту Евангелия согласно Его искупительному замыслу, чтобы они могли познать Его таким, каков Он и есть, и доверять Ему во всем, что Он обещал; распознавать все, что противоречит Его Слову и Его воле, и быть подготовленными к делу служения.

Мы убеждены в том, что должны:

- учить детей всем основным доктринам христианской веры (Кол. 1:28; Деян. 20:26–28; Тит. 2:1) и стремиться передать им всю волю Божью, используя хронологическое изложение Библии в библейских историях, библейское богословие основного хода событий в Библии, систематическое богословие базовых доктрин, знакомство с библейским нравственным учением и этическим богословием и ясное изложение Евангелия Иисуса Христа; а также обучать их навыкам правильного понимания и толкования Библии;
- сообщать нашим детям глубокие истины, выражая и объясняя их с помощью понятных терминов и иллюстраций;
- не избегать сложных доктрин, но преподавать их с учетом возраста и творчески, в надежде, что Святой Дух даст разумение и рост через верное учение Слова (Деян. 20:26–28; 2 Тим. 2:7);
- стремиться к тому, чтобы наши дети были прочно утверждены в вере и учении, чтобы они были уверены в своих убеждениях, не поддавались «духу времени» и хранили верность Христу.

Мы верим:

- что правильное богословие обеспечивает подлинное славословие;
- что образование укрепляет ликование;
- что знания, полученные в детстве, часто остаются на всю жизнь.

Стой целью, чтобы у наших детей были сформированные истиной предпочтения, побуждения и поступки.

ИСПОЛНЕННЫЕ ВЕРЫ

> *Я сораспялся Христу, и уже не я живу, но живет во мне Христос. А что ныне живу во плоти, то живу верою в Сына Божия, возлюбившего меня и предавшего Себя за меня (Гал. 2:19–20).*

Наша цель в том, чтобы следующее поколение было подготовлено жить верой в Сына Божьего, ходить Его путями, доверять Ему во всех обстоятельствах, твердо стоять против козней дьявольских, крепко держаться упования на Его благость, полагаться на Его владычество, стойко проходить предлежащее нам поприще, пребывать в совершенной уверенности в надежде, стремиться к цели, к почести вышнего звания Божия во Христе Иисусе, хранить верность до конца.

Мы молимся, чтобы следующее поколение:

- непоколебимо стояло на Божьих обетованиях;
- обладало стойкой верой, которая не отступит, когда придет неизбежная беда (Пс. 124:1);

- было способно устоять в жизненных бурях;
- знало устав и дела Бога, и чтобы дети, которые родятся, в свое время возвещали своим детям возлагать надежду свою на Бога и не забывать дел Божиих (Пс. 77:6–7).

ДУХОВНО ЗРЕЛЫЕ

> *…Которого мы проповедуем, вразумляя всякого человека и научая всякой премудрости, чтобы представить всякого человека совершенным во Христе Иисусе… (Кол. 1:28).*

Наша цель в том, чтобы следующее поколение ходило в премудрости Божьей с простотой, богоугодной искренностью, воздержанием и трезвостью ума, имея навык отличать добро от зла (Евр. 5:14); и во всем возрастало во Христа (Еф. 4:11–16).

Мы молимся, чтобы наши дети:

- могли принимать и применять библейское представление о мужчине и женщине;
- были прилежными в поклонении, изучении, молитве и служении;
- гармонично вписывались в жизнь и служение церкви;
- понимали и эффективно использовали свои дары;
- развивали и поддерживали крепкие, живительные, уравновешенные отношения со сверстниками, родителями и другими взрослыми;

- вдохновлялись примером родителей, воспитателей, учителей воскресной школы и молодежных лидеров, которые верно передают всю волю Божью;
- получили навыки, ободрение, вдохновение и поддержку для воспитания своих детей в вере.

МИССИОНЕРСКИ НАСТРОЕННЫЕ

...Но вы примете силу, когда сойдет на вас Дух Святой; и будете Мне свидетелями в Иерусалиме и во всей Иудее и Самарии и даже до края земли (Деян. 1:8).

Наша цель в том, чтобы следующее поколение было смелым, подготовленным, благовествующим, умеющим жить в этом мире и свободно использовать культуру ради Христа, а также приверженным тому, чтобы возвещать славу Божью и распространять Его хвалу на радость народам, окружающим людям и грядущим поколениям.

Мы молимся, чтобы наши дети:

- интересовались проповедью Христа народам и способствовали ей;
- чутко, непринужденно и плодотворно служили «миссионерами» там, где они живут;
- смело жили в этом мире, не уступая давлению уподобляться ему;
- влияли на культуру ради Христа;
- трудились с радостью и осознанием своего призвания в жизни;

- ревновали по славе Божьей на основании Библии, пребывая в молитве и поддерживая миссии.

Стой целью, чтобы следующее поколение знало славные дела Божьи, и чтобы они в свое время возвещали о них своим детям (Пс. 77:6).

Десять основных истин Евангелия

1. Бог — полновластный Творец всего

ПИСАНИЕ: Псалом 18:2; 21:29; 23:1; Исаия 44:24.
ВЫВОД: Бог сотворил вас. Вы принадлежите Богу.
Бог ваш правитель.

2. Бог сотворил людей для Своей славы

ПИСАНИЕ: Псалом 28:1–2; Исаия 43:6–7;
1 Коринфянам 10:31.
ВЫВОД: Бог сотворил вас, чтобы вы познавали Его,
доверяли Ему и любили Его больше всего.

3. Бог святой и праведный

ПИСАНИЕ: Левит 19:2, 37; Второзаконие 32:4;
Римлянам 7:12.
ВЫВОД: Божьи повеления святые и праведные.
ВыдолжнывсевремяповиноватьсяБожьимповелениям.

4. Человек грешен

ПИСАНИЕ: Римлянам 3:10–18, 20, 23.
ВЫВОД: Вы были непослушны Божьим повелениям. Вы грешники.

5. Бог справедливо карает за грех

ПИСАНИЕ: Исаия 59:2; Римлянам 1:18; 6:23а.
ВЫВОД: Вы заслуживаете Божьего наказания смертью и адом. Вы не в силах спасти себя сами.

6. Бог милостивый. Он благ к недостойным грешникам

ПИСАНИЕ: Псалом 144:8; Ефесянам 2:8–9.
ВЫВОД: Вы должны полагаться на Божью милость, чтобы обрести спасение.

7. Иисус — святой и праведный Божий Сын

ПИСАНИЕ: Иоанна 1:1; 1 Тимофею 1:15.
ВЫВОД: Иисус пришел в мир, чтобы спасти вас.

8. Бог возложил на Иисуса наказание грешников, чтобы возложить на них Его праведность

ПИСАНИЕ: Исаия 53:5; 1 Петра 2:24; Римлянам 5:8; 2 Коринфянам 5:21.
ВЫВОД: Иисус умер на кресте, понеся наказание вместо вас.

9. Бог даром дает спасение тем, кто кается и верит в Иисуса

> ПИСАНИЕ: Марка 1:15; Иоанна 3:16–17; Деяния 4:12; Ефесянам 2:8–9.
>
> ВЫВОД: Бог говорит, чтобы вы поверили в Иисуса и покаялись в своих грехах, и тогда вы будете спасены.

10. Верующие в Иисуса будут жить, делая угодное Ему, и получат обетование вечной жизни — вечное общение с Богом на небесах

> ПИСАНИЕ: Луки 9:23; Иоанна 11:25; 1 Иоанна 2:15; Псалом 15:11.
>
> ВЫВОД: Если вы верите в Иисуса ради своего спасения, вы должны следовать за Ним. Иисус обещал, что когда вы умрете, Он возьмет вас на небо, чтобы вы вечно жили с Богом и радовались Ему.

Более подробно эти истины изложены в книге «Как помочь детям понять Евангелие»[42], в которой дано более полное объяснение основных истин и то, как их передать на доступном для детей уровне.

Это пособие также поможет родителям распознать уровень духовного развития своих детей и подготовить их сердца к слушанию Евангелия.

---

[42] Сэлли Майкл. Как помочь детям понять Евангелие. Самара: Благая весть, 2022.

143

Род роду будет восхвалять дела Твои

Образование ради ликования в следующем поколении [43]

ДЖОН ПАЙПЕР,
БАПТИСТСКАЯ ЦЕРКОВЬ «БЕТЛЕХЕМ»

Род роду будет восхвалять дела Твои и возвещать о могуществе Твоем. Псалом 144:4

ОТВЕТСТВЕННОСТЬ КАЖДОГО ПОКОЛЕНИЯ ПЕРЕД СЛЕДУЮЩИМ

Каждому поколению христиан Библия вверяет заботу о том, чтобы следующее поколение услышало о великих делах Божьих. Бог не сбрасывает с неба новую Библию на каждое поколение. Он задумал, чтобы прежнее поколение научило новое поколение читать, и размышлять, и доверять, и слушаться,

---

[43] John Piper, "One Generation Shall Praise Your Works to Another: Education for Exultation in the Next Generation," sermon delivered at Bethlehem Baptist Church, Minneapolis, Minn., March 19, 2000. https://www.desiringgod.org/messages/one-generation-shall-praise-your-works-to-another.

и радоваться. Бог действительно лично подходит к каждому новому поколению верующих, но Он делает это с помощью библейских истин, которые они узнают от предыдущих поколений. Дух нисходит, скажем так, вертикально, тогда как Божья истина передается горизонтально.

Но есть и другая причина, почему Псалом 144:4 настолько актуален для нашей сегодняшней темы. Ведь там не только говорится, что истина передается от поколения к поколению, но и что она передается определенным образом. Она передается с ликованием и ради ликования. Посмотрите, какие здесь выражения. Здесь не говорится: «Род роду будет сообщать о делах Твоих». Но: «Род роду будет восхвалять дела Твои». Восхвалять — значит ликовать о Боге. Обучение следующего поколения должно быть нацелено не просто на обучение, но в нем должно быть и ликование.

Если учителя и родители, уча детей, сами не ликуют о Боге, они не смогут привить им ликование о Боге. Сухое, бесстрастное, равнодушное наставление о Боге — будь то дома или в церкви — это, в лучшем случае, полуправда. Оно говорит о Боге одно, а показывает другое. Это непоследовательно. Оно говорит, что Бог велик, но говорит это так, словно Бог не велик.

Псалом 144:4 указывает другой путь: «Род роду будет восхвалять дела Твои». Пусть хвала передает истину следующему поколению, потому что цель истины — это хвала. Цель образования — ликование. Поэтому пусть то, как происходит образование, послужит примером ликования.

«ОЧАРОВАННЫЕ ЦАРСТВОМ»

Теперь я хочу показать, как проповедь на прошлой неделе связана с этой проповедью. На прошлой неделе я говорил, что

впредстоящиедесятилетиянашейцельюбудетвзраститьде-
тейимолодежьздесь,вцеркви«Бетлехем»,которыебудутра-
дикальнопреданыИисусуирадикальноприверженыЕгоделу
всемирногоблаговестия.Говоря«радикальнопривержены»,
мыимеемввидуприверженынастолькоглубоко,чтоникакая
ценанебудетслишкомвысокой,чтобыпоследоватьзаИису-
сом,кудабыОнниповел,неважно,насколькоэтодалекоили
опасно.

Один из вас прислал мне цитату из дневников Джима Эллиота, чтобы подчеркнуть эту цель и сказать аминь. Когда Джиму
Эллиоту было 22 года, у него были хорошие перспективы для
служения в Соединенных Штатах. Возможно, он мог бы стать
весьма успешным пастором, благовестником или учителем.
Его родители были не в восторге от его решения отправиться
в Южную Америку к народу кечуа. Они так ему и написали.
Он ответил без обиняков.

> *Я не удивлен, что вы опечалились от моих слов, что я собираюсь
> в Южную Америку, — ответил он 8 августа. — Это не что иное,
> как то, о чем Господь Иисус предупреждал нас, когда говорил
> Своим ученикам, что им надо быть настолько очарованными
> Царством и следованием за Ним, чтобы все остальные привязан-
> ности стали как ничто. И Он не сделал исключения для семейных
> уз. Он даже сказал, что узы любви, которые мы считаем самыми
> близкими, должны стать как ненависть по сравнению с желанием
> продолжать Его дело. Поэтому не печальтесь, если кажется, что
> сыновья покидают вас, а напротив, радуйтесь, видя, что воля
> Божья охотно исполняется. Помните, как псалмопевец описал
> детей? Он сказал, что это наследие от Господа, и что блажен
> всякий человек, у которого колчан наполнен ими. Чем же наполнен
> колчан, как не стрелами? И для чего нужны стрелы, как не для*

того, чтобы стрелять? Поэтому могучими руками молитвы
натяните тетиву и выпустите стрелы — все до одной, прямо
по полчищам врага.

Отдай сынов — пусть весть несут благую,
Отдай богатство — им помочь в пути,
Излей в молитве душу не жалея:
Иисус воздаст за все, что тратишь ты [44].

Вотвчемсмыслобразованиярадиликованиявследующемпо-
колении:взращиватьтакихдетей,подростковимолодыхлю-
дей.Откудаонивозьмутся?Такие22-летниеюношинадороге
неваляются.Откудажеониберутся?Обэтомяихочупогово-
рить сегодня.

Ответ в том, что они от Бога. Бог творит такие сердца.
И в этом Он суверенен: Он может сотворить такое сердце
в неблагополучной семье и проблемной церкви. Но это не Его
обычный путь, и это не то, что Он повелевает. Его обычный
путь — взращивать такие сердца в чтущих Бога семьях и в церквях, где «род роду будет восхвалять дела Твои».

Обратите внимание на одно ключевое слово в объяснениях
Джима Эллиота своим родителям. Он написал: «…Иисус…
говорил Своим ученикам, что им надо быть настолько очарованными Царством и следованием за Ним, чтобы все остальные
привязанности стали как ничто». Почему «очарованными»?
Потому что христианство не сводится лишь к правильным
мыслям о Царстве. Это еще и правильные чувства к Царству.
Это правильная приверженность Царству. Это не просто

---

[44] Elisabeth Elliot, *Shadow of the Almighty: The Life and Testament of Jim Elliot*
(New York: Harper & Brothers Publishers, 1958), 132. (Здесь процитирован гимн
«О, Сион, поспеши».)

обучение следованию за Иисусом; это ликование в следовании за Иисусом.

Вот где связь с Псалмом 144:4: «Род роду будет восхвалять дела Твои и возвещать о могуществе Твоем». В следующем поколении мы хотим не просто голову, полную правильных сведений о Божьих делах; мы хотим голову, полную правильных сведений, и сердце, горящее огнем любви к Богу и к этим сведениям, — сердце, которое все продаст, чтобы последовать за Иисусом в самые трудные места этого мира.

УБЕЖДЕНИЯ, ФОРМИРУЮЩИЕ ПОДХОД К ОБРАЗОВАНИЮ

Как же нам это делать? Как нам заниматься образованием для ликования следующего поколения в церкви «Бетлехем»? Я приведу три убеждения или принципа, формирующие наш подход к обучению детей и молодежи. Я постараюсь показать, какие библейские тексты подтверждают эти три принципа. Псалом 144:4 задает общее направление: «Род роду будет восхвалять дела Твои». А другие тексты говорят, как именно.

1. Родители обучают своих детей

В основе всего нашего служения детям и молодежи лежит убеждение, что обычный Божий путь, как из детей получаются радикально преданные, самоотверженные, контркультурные, мудрые, мыслящие, любящие, зрелые, побеждающие мир христиане, — это когда родители наставляют своих детей и служат им примером в богоцентричном, насыщенном Библией мировоззрении.

Почему мы начинаем с этого убеждения? Потому что во Второзаконии 6:4–7 сказано:

> *Слушай, Израиль: Господь, Бог наш, Господь един есть; и люби Господа, Бога твоего, всем сердцем твоим, и всею душою твоею и всеми силами твоими. И да будут слова сии, которые Я заповедую тебе сегодня, в сердце твоем; и внушай их детям твоим и говори о них, сидя в доме твоем и идя дорогою, и ложась и вставая... (См. также Втор. 11:19.)*

Спустя несколько веков Асаф говорит в Псалме 77:5–7:

> *[Господь] постановил устав в Иакове*
> *и положил закон в Израиле,*
> *который заповедал отцам нашим*
> *возвещать детям их,*
> *чтобы знал грядущий род,*
> *дети, которые родятся,*
> *и чтобы они в свое время возвещали своим детям, —*
> *возлагать надежду свою на Бога*
> *и не забывать дел Божиих,*
> *и хранить заповеди Его...*

И в Новом Завете, в Ефесянам 6:1–4 сказано:

> *Дети, повинуйтесь своим родителям в Господе, ибо сего требует справедливость. Почитай отца твоего и мать, это первая заповедь с обетованием: да будет тебе благо, и будешь долголетен на земле. И вы, отцы, не раздражайте детей ваших, но воспитывайте их в учении и наставлении Господнем.*

Библейский образец в том, чтобы родители, особенно отцы, ни на кого не перекладывали свою роль основных наставников, формирующих умы и сердца своих детей, — даже на церковь.

Библейский образец в том, чтобы родители передавали своим детям богоцентричное, насыщенное Библией видение всей жизни. Образование ради ликования — это, в первую очередь, видение не о том, как заменить родителей церковью, но как вернуть родителям данную им Богом роль. Это одна из причин, почему Дэвида и Салли Майкл мы называем пастором и служителем по воспитанию детей и семейному наставничеству, а не просто детским пастором и служителем.

Это был принцип № 1: родители обучают своих детей.

2. Церковь сотрудничает с родителями в обучении детей

Это важно по многим причинам. Из практических причин можно отметить: 1) у некоторых детей нет верующих родителей; 2) некоторые семьи с одним родителем настолько перегружены, что нуждаются в любой помощи, какую смогут получить; 3) мамы и папы бывают самых разных способностей, так что им может понадобиться поддержка в этом несовершенном мире (и даже в идеальном); 4) даже самое лучшее семейное обучение только выиграет от дополнительного наставления в церкви; и 5) некоторые аспекты Божьего характера легче ухватить в обстановке совместного наставления, чем дома.

По поводу этого последнего пункта обратите внимание на Второзаконие 31:10–13:

> И завещал им Моисей и сказал: «По прошествии семи лет, в год отпущения, в праздник кущей, когда весь Израиль придет явиться пред лицо Господа Бога твоего на место, которое изберет Господь, читай сей закон пред всем Израилем вслух его; собери народ, мужей и жен, и детей, и пришельцев твоих, которые будут в жилищах

твоих, чтоб они слушали и учились, и чтобы боялись Господа Бога вашего, и старались исполнять все слова закона сего; и сыны их, которые не знают сего, услышат и научатся бояться Господа Бога вашего во все дни, доколе вы будете жить на земле, в которую вы переходите за Иордан, чтоб овладеть ею».

Обратите внимание на слова в 13-м стихе: «…сыны их, которые не знают сего…» Значит ли это, что Моисей полагал, что отцы не будут выполнять своих обязанностей, а общее собрание раз в семь лет восполнит этот недостаток? Видимо, нет. Скорее всего, это значит, что есть нечто, что можно усвоить, заметить и ощутить именно на таких собраниях, в то время как дома это обычно не получается. Питер Крейги считает, что смысл этого текста в следующем:

> *Эта церемония будет иметь образовательный смысл… Впрочем, молодое поколение впервые в полном смысле узнает, что такое завет (ст. 13). Хотя они и до этого знали о нем, его смысл до конца дойдет до них лишь когда они покинут свои дома и селения, чтобы выслушать публичное чтение закона перед всем Израилем (см. ст. 11)* [45].

Из этого можно извлечь урок, что обучение в церкви может быть важным дополнением и подкреплением к тому, что родители делают дома. Поэтому сотрудничество между родителями и церковью — это образец, который мы принимаем для церкви «Бетлехем».

В Новом Завете есть место, из которого видно, что евреи не считали, что тексты о домашнем обучении исключают

---

[45] Peter C. Craigie, *The Book of Deuteronomy* (Grand Rapids, Mich.: William B. Eerdmans Publishing Co., 1976), 371.

дополнительное образование у тех, кто был особенно компетентен. В Деяниях 22:3, когда Павел говорил в свою защиту перед иудеями, он сказал: «Я иудеянин, родившийся в Тарсе Киликийском, воспитанный в сем городе при ногах Гамалиила, тщательно наставленный в отеческом законе, ревнитель по Боге, как и все вы ныне». Обратите внимание на слова, что он учился у Гамалиила, буквально «при ногах Гамалиила». Именно там обычно сидели юные ученики одаренного раввина, слушая его наставления. Это не значит, что родители не выполняли своих обязанностей. Это значит, что говоря, что ответственность за формирование ума и сердца детей лежит главным образом на их родителях, мы не имеем в виду, что они не могут или не должны обращаться к одаренным учителям в дополнение к своим усилиям.

Итак, принцип № 1: родители обучают своих детей. Принцип № 2: Церковь сотрудничает с родителями в обучении детей. А теперь принцип № 3…

3. Церковь помогает готовить родителей к обучению детей

Когда дети вырастают и становятся взрослыми, они не перестают учиться и расти, по меньшей мере, они не должны переставать (см. 2 Пет. 3:18; 1 Кор. 14:20). И поскольку некоторые из них станут родителями и будут воспитывать детей, их надо продолжать учить и наставлять согласно Библии, и у церкви есть высокое призвание позаботиться об этом.

Моисей говорит народу (во Второзаконии 4:9): «Только берегись и тщательно храни душу твою, чтобы тебе не забыть тех дел, которые видели глаза твои, и чтобы они не выходили из сердца твоего во все дни жизни твоей; и поведай о них сынам твоим и сынам сынов твоих…» Сначала Моисей должен послужить народу, а они должны беречься и хранить свою душу. Тогда они смогут учить своих детей.

Так и в Новом Завете Павел говорит в Ефесянам 4:11–12: «И [Христос] поставил одних апостолами, других пророками, иных евангелистами, иных пастырями и учителями, к совершению святых, на дело служения, для созидания Тела Христова…» Пастыри и учители готовят святых к служению — служению воспитания детей, служению воскресной школы и детского клуба, а также к сотням других способов заботиться о других, юных и старых.

И если подвести итог, это значит, что образование ради ликования в следующем поколении основано на трех принципах:

1) родители обучают своих детей;

2) церковь сотрудничает с родителями в обучении детей;

3) церковь помогает готовить родителей к обучению детей.

И если у вас есть глаза, чтобы видеть, вы поймете, что этот последний пункт охватывает всех. Церковь, где библейскую истину преподают только детям, будет становиться все менее и менее глубокой, пока водоем библейского учения не обмелеет настолько, что из него невозможно будет пить и находить слова жизни. И где раньше, возможно, была сильная, преподающая Библию, превозносящая Христа, миссионерски настроенная церковь, останется лишь пренебрегающее Библией, преуменьшающее Бога социальное христианство.

Защититься от этого и сохранить водоем истины и учения полным, глубоким и чистым, чтобы из него можно было пить — в любом возрасте, — вот цель образования ради ликования в следующем поколении. Я надеюсь, что вы будете в нем участвовать, и молюсь об этом.

Truth78

«TRUTH78» — это служение для следующих поколений, основанное на видении, чтобы они знали, чтили и ценили Бога, возлагая свою надежду только на Христа, и жили как верные ученики во славу Божью.

Наша миссия — взращивать веру следующих поколений, предоставляя для церкви и семьи материалы и обучение, которые наставляют ум, затрагивают сердце и влияют на волю через провозглашение всей воли Божьей.

МАТЕРИАЛЫ ДЛЯ ЦЕРКВИ И СЕМЬИ

«Truth78» предлагает для церкви и семьи материалы и учебные пособия в следующих категориях:

Обучение и формирование видения

Мы способствуем возрастанию в библейском видении, рвении и практических аспектах служения следующим поколениям, предлагая широкий выбор брошюр, видео- и аудиосеминаров, статей и других практических учебных материалов, которые подчеркивают и раскрывают наше видение, миссию и ценности, а также нашу философию и методологию образования. Многие из этих ресурсов свободно распространяются через наш сайт, чтобы помочь руководителям служений, добровольным помощникам и родителям осуществлять видение и миссию служения «Truth78» в своих церквях и семьях. Подписавшись на нашу новостную рассылку (Truth78.org/ enewsletter), вы будете еженедельно получать информацию о новых статьях и ресурсах.

Учебные планы

Мы публикуем материалы, разработанные для преподавания Библии. Тематика и последовательность этих материалов отражает наш принцип учить детей и молодежь всей воле Божьей на протяжении всего обучения. Среди них есть учебные пособия для воскресных школ, библейских программ на неделе, библейских клубов во дворе или библейских школ на каникулах, а также для занятий представителями разных поколений. Большинство этих пособий можно адаптировать для христианских школ или семейного обучения. Больше можно узнать по адресу: Truth78.org/curriculum-introduction.

Воспитание детей и семейное наставничество

Мы подготовили множество материалов и обучающих ресурсов для помощи родителям в обучении детей, включая буклеты, видеопрезентации, пособия для семейного чтения, детские книги и статьи. В наших учебных планах также есть странички для родителей, которые помогут им применять в повседневной жизни детей то, что они проходят в классе, для взращивания их веры. Наш материал «Не просто история» (More Than a Story) — это пособие для наставничества, которое раскрывает детям содержание Библии, чтобы они знали, понимали и принимали истины Писания. Больше можно узнать по адресу: Truth78.org/family-overview.

Заучивание текстов Библии

Наша программа заучивания библейских текстов «Стихи воина» (FighterVerses™) предназначена для того, чтобы поощрять церкви, семьи и отдельных людей с удовольствием учить наизусть тексты Библии на протяжении всей жизни. Программа предлагает удобную систему заучивания тщательно подобранных библейских текстов, которые помогут подвизаться добрым подвигом веры. Она доступна в печатном виде, на сайте FighterVerses.com, а также в виде приложения для смартфонов и других мобильных устройств (IOS и Android на английском, испанском, французском и немецком языках). В приложении «Стихи воина» есть система повторения, проверочные тесты, песни, назидательное чтение и другие пособия по запоминанию. В пособии для дошкольников «Базовые стихи» (FoundationVerses) используются простые картинки, чтобы помочь маленьким детям выучить 76 ключевых стихов. Мы также предлагаем учебный курс, соответствующий первому набору «Стихов воина». Посетите сайт FighterVerses.com, чтобы узнать больше об учебном курсе «Стихи воина», а также о еженедельном назидательном блоге и бесплатных пособиях для развития памяти. Более подробная информация обо всех ресурсах «Truth78» представлена на сайте Truth78.org/products.

СОТРУДНИЧЕСТВО СО СЛУЖЕНИЕМ «TRUTH78»

Во всем мире есть потребность в здравом библейском учении, указывающем новому поколению на славный характер Бога и Его дела, чтобы они могли «возлагать надежду свою на Бога» и ходить Его путями. Мы поставили перед собой цель предоставлять библейские материалы для детей и молодежи, а также учебные пособия, которые будут полезны не только в Северной Америке, но и во всем мире.

Поможете ли вы донести «устав» и славные дела Божьи до следующего поколения, чтобы они могли «возлагать надежду свою на Бога»?

Молитесь

Хотите ли вы присоединиться к нашим искренним молитвам Господу?

- Молитесь, чтобы одно поколение возвещало Слово Божье следующему, и чтобы нам, представителям этого поколения, была дана благодать верно исполнять свое призвание и ответственность перед следующим.
- Молитесь, чтобы Господин жатвы выслал делателей на жатву Свою и дал нам все необходимое для исполнения Его воли, чтобы мы работали не покладая рук, пока Его труд через нас не будет завершен.
- Молитесь, чтобы следующее поколение знало и чтило Иисуса как свое вечное сокровище.
- Молитесь о растущем числе людей, церквей и школ, которые могут пользоваться нашими материалами.
- Молитесь о продолжении работы переводчиков и о привлечении новых партнеров для перевода, чтобы у детей по всему миру были материалы на родном языке.
- Молитесь, чтобы Господь умножил количество партнеров, которые молятся и жертвуют, чтобы миллионы людей по всему миру собрали богатый урожай.
- Молитесь о растущем сообществе людей, церквей и христианских преподавателей, ревностно относящихся к наставничеству следующего поколения.

Жертвуйте

Примерно 70 % нашего бюджета обеспечивается продажей наших материалов. Остальные 30 % поступают от людей, которых Бог побуждает оказать нам финансовую поддержку. Такой подход позволяет нам выполнять наши обязательства по служению Церкви и при этом дает возможность нашим партнерам, разделяющим эту миссию, увеличить влияние нашего служения. Благодаря финансовым пожертвованиям мы можем шире распространять это видение, производить недорогие материалы по наставничеству для церкви и семьи, проводить обучение руководителей служения и родителей, а также распространять материалы среди наших братьев и сестер, не имеющих достаточных средств, в Северной Америке и за рубежом.

Мы приглашаем вас к сотрудничеству в этом начинании. «Truth78» — некоммерческое служение со статусом 501(c)(3), поэтому ваши пожертвования можно вычесть из налогооблагаемой базы. Подробнее о пожертвованиях вы можете узнать по адресу Truth78.org/donate.

ДЛЯ ПОЛУЧЕНИЯ ДОПОЛНИТЕЛЬНОЙ ИНФОРМАЦИИ О МАТЕРИАЛАХ И УЧЕБНЫХ ПОСОБИЯХ ОБРАЩАЙТЕСЬ:

Веб-сайт: Truth78.org
Электронная почта: info@Truth78.org
Телефон (США): 877-400-14-14
Твиттер: @Truth78org